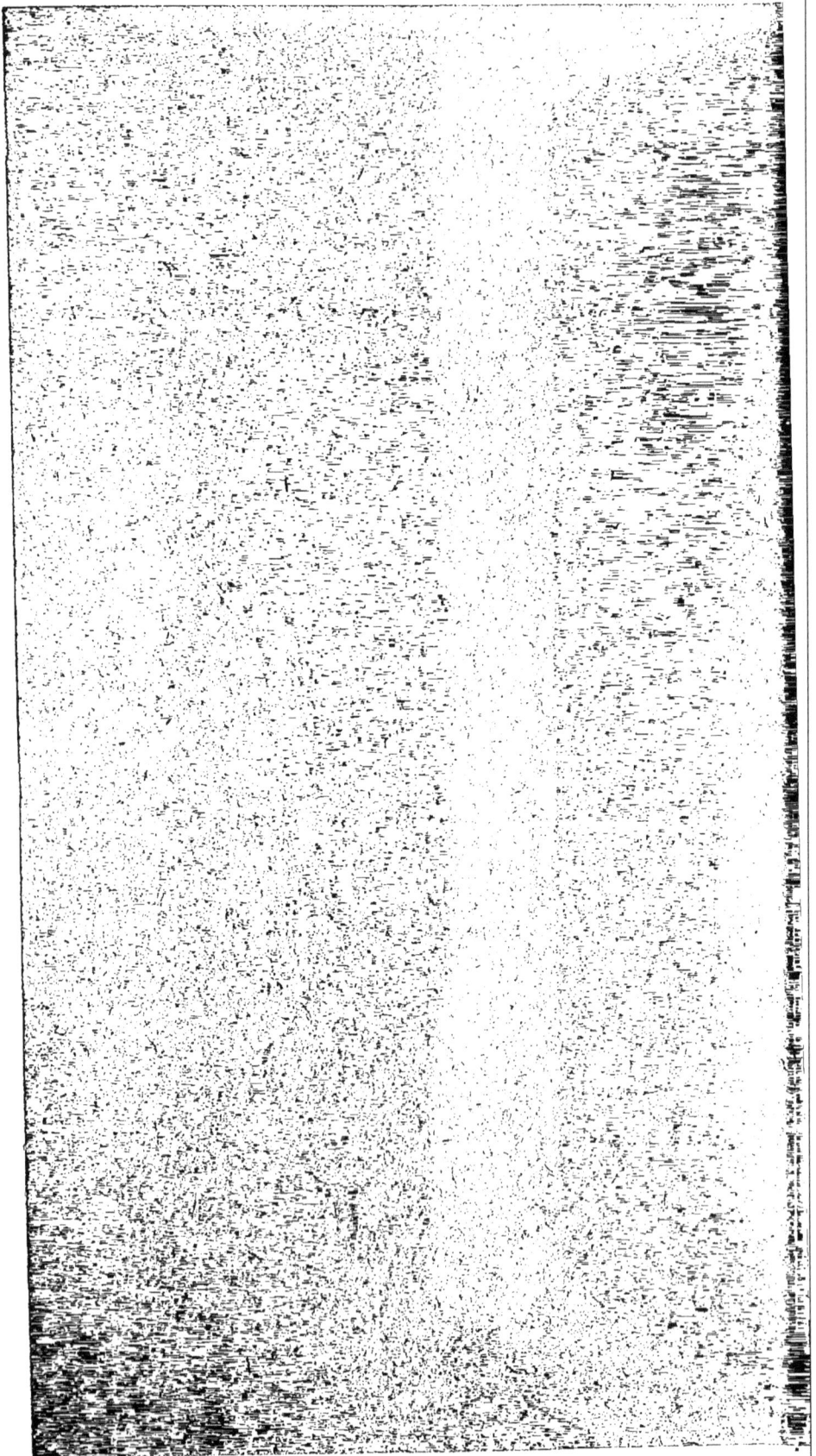

LE

SIÈGE DE SOISSONS

EN 1870

PAR

RENÉ FOSSÉ D'ARCOSSE

Ancien Aspirant volontaire de la Marine

Propriétaire—Gérant de L'*ARGUS SOISSONNAIS*

Avec Pièces justificatives

ET

UN DESSIN DE LA BRÈCHE & UN PLAN

DE

PAUL LAURENT

———

DEUXIÈME ÉDITION

SOISSONS

IMPRIMERIE R. FOSSÉ D'ARCOSSE

15, RUE SAINT-ANTOINE, 15

1892

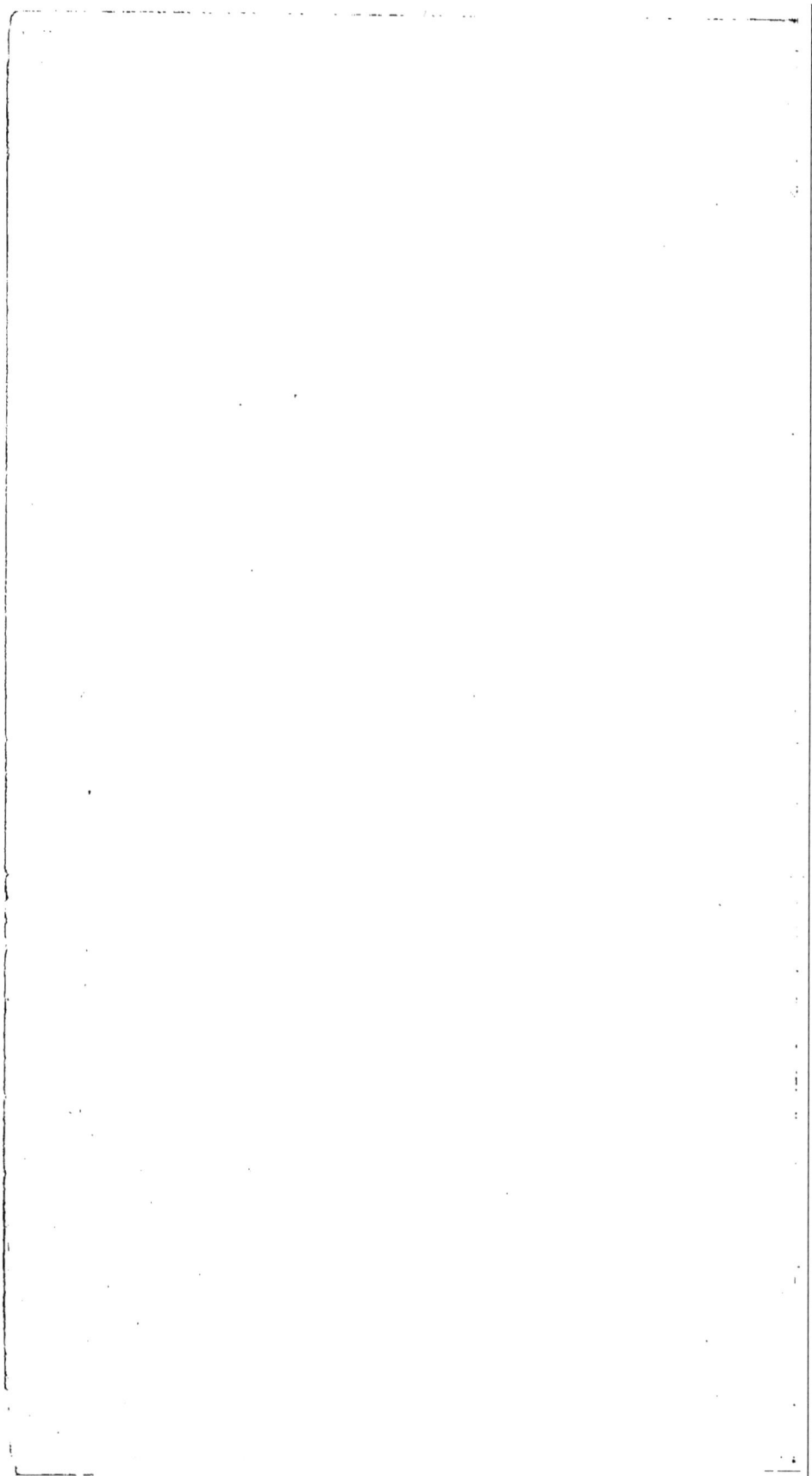

LE

SIÈGE DE SOISSONS

EN 1870

SOISSONS. — IMPRIMÉ CHEZ R. FOSSÉ D'ARCOSSE

15, RUE SAINT-ANTOINE. 15

LE
SIÈGE DE SOISSONS
EN 1870

PAR

RENÉ FOSSÉ D'ARCOSSE

ANCIEN ASPIRANT VOLONTAIRE DE LA MARINE

PROPRIÉTAIRE-GÉRANT DE L'*ARGUS SOISSONNAIS*

Avec Pièces justificatives

ET

UN DESSIN DE LA BRÈCHE & UN PLAN

DE

PAUL LAURENT

———

DEUXIÈME ÉDITION

SOISSONS

IMPRIMERIE R. FOSSÉ D'ARCOSSE

15, RUE SAINT-ANTOINE, 15
—
1892

AVERTISSEMENT

Nous publions une édition nouvelle de cet opuscule pour répondre à de pressantes et honorables instances. La ville de Soissons ayant été rayée du tableau des places fortes, en 1885, et étant aujourd'hui démantelée, nous avons dû modifier quelques-unes des pages de notre récit lequel, dans son ensemble, reste la déposition sincère d'un témoin qui n'a eu d'autre ambition que de bien voir les faits, de les raconter avec exactitude et d'en dégager librement ce qu'il a cru être la vérité.

Soissons, 15 Janvier 1892.

SIÈGE DE SOISSONS
1870

LA BRÈCHE

LE

SIÈGE DE SOISSONS

EN 1870

CHAPITRE PREMIER.

Places fortes bombardées et prises pendant la guerre de 1870 ;
considérations générales. — Soissons, clef de Paris ; opinion
de Jomini sur les forteresses isolées. — Importance de Soissons ;
nécessité pour les Allemands de l'occuper. — Faiblesse des
moyens de défense de la place. — Premiers symptômes de
désorganisation. — Les gardes mobiles réunis à Soissons ;
insuffisance de leur instruction militaire ; leur dénuement. —
Création des ambulances ; étrange oubli du génie militaire.
— Proclamation du Préfet de l'Aisne ; son optimisme. — La
gare de Soissons fortifiée et abandonnée. — Passage du
13ᵐᵉ corps ; comment il échappe au désastre de Sedan. —
Retraite de la division d'Exéa ; aspect de ces troupes. — Chute
de l'Empire et proclamation de la République — L'inondation
artificielle de l'Aisne et de la Crise ; ses conséquences. — Les
destructions opérées. — Le général de Liniers nommé commandant supérieur de Soissons ; sa proclamation et son départ.
— La place manque d'artilleurs. — Apparition de l'ennemi
dans l'Arrondissement. — Le premier coup de fusil tiré de nos
remparts.

Quand on parcourt la liste des forteresses prises
par les Allemands durant la guerre de 1870, on
constate qu'aucune d'elles n'a subi un assaut.
Marsal, Toul, Strasbourg, Soissons, Schlestadt,
Verdun, Le Fort Mortier, Neuf-Brisach, Thion-

1

ville, La Fère, Phalsbourg, Montmédy, Mézières,
Péronne, Longwy, ont cédé à des bombarde-
ments plus ou moins implacables. Un pareil mode
d'attaque, employé d'une manière universelle et
réfléchie, même contre les villes ouvertes, par un
grand peuple civilisé, avait lieu de surprendre
une nation comme la nôtre qui possède des tradi-
tions militaires toutes différentes. L'armée française ne se serait jamais crue victorieuse à
Constantine ni à Sébastopol si elle n'avait planté
le drapeau tricolore au sommet d'une brèche, sous
une grêle de mitraille, en payant son triomphe
du sang de ses officiers et de ses soldats. Mais les
Allemands nous abandonnent volontiers cette
héroïque audace et ce mépris de la mort qui
apportent dans le jeu terrible des combats une
poésie et ce *je ne sais quoi* de chevaleresque qu'on
a retrouvés chez nous en 1870 sur tous les champs
de bataille. Selon les propres paroles de M. de
Bismark à M. Jules Favre : « La gloire est une
valeur qui n'est pas cotée en Allemagne. » Nos
ennemis ont fait de la guerre une grosse machine
sans âme, merveilleusement agencée, dont les
rouages ne laissent presque plus rien à la bravoure ni à la fortune. Livrent-ils une bataille? ils
ne l'engagent qu'à coup sûr, appuyés sur de fortes
réserves; sont-ils surpris comme à Coulmiers?
ils se retirent prudemment pour revenir en
nombre; veulent-ils prendre une place? ils la
bombardent avec une férocité froide et attendent
patiemment que l'*heure psychologique* de la capitulation sonne. Ils connaissent la puissance de leurs
projectiles; ils voient les flammes gigantesques
des incendies qu'ils allument et les ruines qu'ils

amoncellent ; ils se représentent par la pensée les innocentes victimes atteintes, la terreur des femmes et des enfants, les scènes de désolation qui éclatent au foyer domestique. Et, comme ils savent que leur proie ne leur échappera pas, s'ils ouvrent une brèche à la muraille, ils se gardent bien d'y monter, c'est une simple fiche de consolation accordée au commandant de la place, *une pression toute morale*. Lorsqu'une forteresse est imprenable, ce n'est plus la psychologie qui leur en ouvre les portes, c'est la famine. On disait à M. de Bismark : « Paris a du pain pour jusqu'au 15 janvier. — Eh bien! répondit-il, nous attendrons jusqu'au 16. » Quant à Metz, nous n'en parlerons pas, car au souvenir des événements qui ont arraché à la France l'antique cité de Fabert, l'image de la Patrie mutilée se dresse devant nous, et nos yeux se mouillent de larmes.

La veille de la guerre, on s'obstinait encore à considérer Soissons comme la clef de Paris; c'était n'avoir rien appris et tout oublié depuis 1814. En effet, depuis le premier Empire, l'on pourrait même dire depuis Frédéric II, les principes de la stratégie ont été profondément modifiés. Le système d'un réseau de forteresses disséminées sur les frontières d'un État, comme autant de boucliers contre lesquels doit se briser une invasion, « *bon au temps de Louis XIV*, a été renversé « par Frédéric et Napoléon qui faisaient la guerre « aux armées actives et s'occupaient peu des « forteresses. Celles-ci tombent d'elles-mêmes « lorsque ces armées sont battues et n'ont d'autres « effets que d'affaiblir celles-là par la nécessité

« des garnisons (1) ». Les événements de 1870
donnèrent à cette vérité une consécration nouvelle. Grâce aux routes innombrables et aux
voies ferrées qui ouvraient notre territoire sans
défense à l'ennemi, l'armée allemande put pénétrer au cœur même du pays, après les premiers
désastres de la campagne, en tournant nos forteresses, et se montrer sous les murs de Paris un
mois avant le bombardement de Soissons (2).

La prise de cette place était cependant indispensable aux Allemands; il fallait qu'ils s'assu-
rassent la possession de notre chemin de fer et
celle d'une ville qui, située au centre d'une con-
trée riche et fertile, devait leur permettre d'appli-

(1) Ce sont les propres expressions du général Jomini, consulté en 1826 par l'empereur Nicolas sur la question de la
défense du territoire de l'empire russe. Jomini proposait de se
borner à choisir avec soin, en arrière des frontières, quelques
points stratégiques et de les fortifier comme points d'appui, de
ravitaillement et de refuge, pour les armées actives. (Voir
SAINTE-BEUVE, *Etude sur le général Jomini.)*

(2) Machiavel, né trois cents ans avant Napoléon (1469), n'a-t-il
pas été son précurseur et celui de Frédéric II, en étudiant avec
la pénétration de son génie les principes de la guerre, dans ses
immortels *Discours sur Tite-Live,* et en les précisant dans des
pages qu'on ne peut se lasser de relire ? Nous recommandons en
particulier le chapitre sur le danger qu'il y a souvent à garder
les passages, le chapitre sur le rôle de l'artillerie dans nos
armées modernes, enfin le chapitre sur les « forteresses, qui
« sont en général plus nuisibles qu'utiles ». Sur ce dernier point
Machiavel parle dans le même esprit que Jomini :

« Quant aux places fortes établies pour se défendre des
« ennemis extérieurs, je soutiens qu'elles ne sont nécessaires
« ni aux peuples, ni aux souverains qui ont de bonnes armées ;
« et qu'à ceux qui n'en possèdent pas, elles n'offrent aucune
« utilité. Une bonne armée sans places fortes suffit pour vous
« défendre, tandis que sans armées les places fortes ne sont
« d'aucun service. Cette vérité est démontrée par l'expérience
« de ceux qui ont excellé dans la science du gouvernement,
« ainsi que dans le reste, tels que les Romains et les Spartiates. »
— *Discours sur Tite-Live,* Liv. II, chap. XXIV.

quer méthodiquement, dans la partie méridionale du Département, ce système d'impôts, d'amendes et de réquisitions qu'ils organisèrent avec un art merveilleux dans toute l'étendue du pays que le sort des armes soumit à leur domination momentanée. La possession de Soissons avait une autre importance : elle garantissait la sécurité des routes commandées par la place. Notre garnison, quoique peu aguerrie, aurait pu inquiéter les convois de l'ennemi et entraver ses communications avec l'Est. Dernière considération, Soissons était un excellent gîte d'étape pour les troupes qui venaient combler les vides ou grossir les rangs de l'armée d'invasion.

Le lendemain de la déclaration de guerre (16 juillet) Soissons avait reçu l'ordre de se mettre en état de défense ; mais cette œuvre exigeait du temps. Les officiers qui commandaient le génie et l'artillerie, sans troupes de leur arme respective, ne pouvaient faire exécuter rapidement les travaux que réclamaient les ouvrages et l'armement ; la place ne possédait pas un seul attelage d'artillerie de campagne ; elle était dépourvue de plusieurs mortiers et de canons rayés qu'on avait transportés au camp de Châlons pour des expériences de tir ; il n'y avait dans l'arsenal qu'une seule chèvre pour mettre les pièces sur affût. On nourrissait du reste une telle confiance dans l'heureuse issue de la campagne que personne ne supposait que nous aurions un siège à soutenir. Jamais, se disait-on, les Prussiens ne franchiront la frontière. On voyait déjà nos soldats victorieux entrant encore une fois à Berlin, comme en 1806 ; et l'on eût traité de fou celui qui eût osé affirmer que quelques semaines plus tard l'Empire serait tombé, la République proclamée, l'empereur prisonnier, l'armée de Mac-Mahon capturée à Sedan, l'impératrice en fuite, la capitale investie, Bazaine enfermé dans Metz, et un vieil avocat du barreau de Paris, M. Crémieux, ministre de la guerre, en résidence à Tours !

Pour commencer la mise en défense de la place on demanda des corvées au régiment de la garnison (15ᵉ de ligne); mais, dès le 20 juillet, ce régiment partait; bientôt il allait prendre part aux rudes combats livrés sous les murs de Metz. où son colonel et son lieutenant-colonel tombèrent glorieusement, tués à l'ennemi. Quarante-huit heures après le départ du 15ᵉ de ligne, les premiers régiments d'une division du corps d'armée Canrobert (général Lafond de Villiers) arrivaient à Soissons, désigné comme point de concentration de ces troupes. Les deux brigades, commandées par les généraux Becquet de Sonnay et Colin, furent logées dans les casernes, réparties chez l'habitant, campées au Mail, cantonnées dans les communes de la banlieue et échelonnées depuis Cuffies jusqu'à Vailly. Il régnait déjà un tel désarroi au ministère de la guerre et dans les bureaux de l'intendance que le général Lafond de Villiers recevait en même temps des ordres contradictoires et que sa division quitta Soissons le 2 août avant d'être pourvue de son complément de tentes-abris, de couvertures, de bidons et de moulins à café qui n'arrivèrent à la gare que six jours après son départ ainsi que des wagons pleins de pains moisis. Pendant ce temps-là, nos soldats mangeaient du biscuit et couchaient à la belle étoile quoique, au dire du maréchal Le Bœuf, ils ne dussent manquer de rien, *pas même d'un bouton de guêtre.*

La trompeuse victoire de Sarrebruck entretenait nos illusions, mais tout à coup la sanglante surprise de Wissembourg, la défaite de Reichshoffen, la rencontre fatale de Spickeren, les dépêches incohérentes de l'empereur, les proclamations enfiévrées de l'impératrice et du ministère, s'accumulèrent comme les symptômes d'une prochaine invasion. Il ne s'agissait plus de passer le Rhin! il fallait arrêter la marche de l'ennemi et défendre nos foyers menacés! C'est alors que le décret du 17 juillet qui avait appelé les gardes mobiles sous les drapeaux reçut son exécution. Le 11 août le 2ᵉ bataillon des mobiles de l'Aisne, composé des jeunes gens de l'Arrondissement, se réunit à Soissons, sous le commandement de M. Félix Carpentier, ancien capitaine de cavalerie. Le lendemain, le 1ᵉʳ bataillon (arrondissement de Château-Thierry, commandant Gaspard de Puysegur), s'organisait aussi dans la place, et le 17 août arrivait le 6ᵉ bataillon (arrondissement de Vervins, commandant de Fitz-James).

Ce jour-là, les ordres les plus contradictoires se heurtaient et témoignaient de l'affolement du cabinet. Sur l'avis qu'ils en avaient reçu les 1ᵉʳ et 2ᵉ bataillons de mobiles se disposaient à partir lorsqu'un contre ordre les fit rester. Le bataillon de mobiles de Château-Thierry quitta définitivement Soissons dix jours plus tard pour se rendre à Villers-Cotterêts et de là à Paris. Comme troupe de ligne, il nous était envoyé de Laon, sous les

ordres du major Denis, le dépôt du 15e d'infanterie, comprenant deux compagnies fortes cha-
cune de 800 hommes ; et par la suite on créa deux
autres compagnies provisoires dans lesquelles on
incorpora des échappés de Sedan. Mais cette
troupe, composée en majeure partie d'engagés
volontaires et de soldats rappelés, était des plus
médiocres et donnait à la population attristée le
spectacle d'une profonde indiscipline.

« Qu'on hâte l'instruction des hommes ! »
s'écriait M. Joseph Ferrand, préfet de l'Aisne.
Mais à la guerre, rien ne s'improvise. Il ne suffit
pas pour avoir des soldats de rassembler à la hâte
des recrues et de mettre une arme entre leurs
mains. C'est pourtant ainsi que l'on forma la garde
mobile. A Soissons, les mobiles furent à peine
exercés quatre ou cinq fois au tir à la cible avec
de mauvais fusils à tabatière. On les employait
aux travaux de défense qui consistaient princi-
palement dans l'abatage des arbres des glacis, le
blindage de la poudrière, le placement des palis-
sades, le ravivement des crêtes des chemins
couverts et les terrassements. La plupart d'entre
eux, croyant recevoir un uniforme et des souliers,
étaient arrivés légèrement vêtus, chaussés de
sabots, et même de pantoufles. On ne leur donna
qu'une blouse de toile ; et, pendant les premières
semaines, presque tous durent subvenir aux frais
de leur nourriture avec leur quarante-cinq centimes de solde. Ce déplorable état de choses alla
en s'aggravant jusqu'à la dernière heure. Pour
l'atténuer on dut faire appel à la charité publique ;
les conseillers municipaux allèrent de maison en
maison quêter des vêtements, du linge et des

chaussures ; on acheta des souliers à ceux qui en
étaient dépourvus, mais on ne put suffire à tous
les besoins, aussi vers la fin de septembre se
décida-t-on à distribuer aux hommes un certain
nombre de pantalons et de capotes tirés du dépôt
d'habillement du 15e de ligne dont le reste tomba
entre les mains des Allemands lors de la reddition de la place et fut vendu aux enchères à vil
prix (1).

Quoique, avant la capitulation de Sedan, on se
refusât à croire que le siège de Soissons pût
entrer dans les éventualités de l'avenir, l'autorité
militaire et l'administration municipale ne s'occupaient pas moins de prendre les mesures nécessaires à la défense de la place et aux intérêts de la
population. Les habitants étaient prévenus d'avoir
à s'approvisionner de tout ce qui, en dehors du
pain, pouvait être indispensable à leur alimentation pendant un mois au moins ; les boulangers
possédaient une réserve de farine pour le même
temps, et l'on autorisait les cultivateurs à faire
entrer en ville les bestiaux propres à la boucherie.
Le Conseil municipal décidait que le crédit de
1,200 francs, annuellement voté pour la célébration

(1) Dans ses deux livres : *La Grande Armée de 1813*, et *Les
Volontaires, 1791-1794*, M. Camille Rousset, ancien conservateur des Archives au ministère de la guerre, membre de
l'Académie française, dissipe les préjugés populaires sur les
troupes improvisées et les levées en masse, et il bat en brèche,
d'une manière victorieuse, la légende sur les soldats en sabots
de 1792. Une forte armée ne saurait exister sans instruction
militaire et sans cadres. Un grand libéral, le général Lamarque,
n'a-t-il pas dit : « C'est en vain que des milliers de citoyens se
« seraient métamorphosés en soldats, s'il ne s'était trouvé, dans
« les débris de la vieille armée, des sous-officiers pour les
« conduire, des chefs pour les commander ».

de la fête de l'empereur, serait porté à 3,000 francs et consacré aux ambulances que l'administration des Hospices établit successivement à la Petite-Caserne, au Collège et à Saint-Léger. Chose inouïe et vraiment digne de remarque : Soissons, place de guerre, ne possédait pas un seul hôpital casematé. Ce n'est que le 11 octobre, — la veille du bombardement, — qu'il vint à la pensée du génie militaire de demander à la municipalité les magnifiques sous-sols de l'Hôtel de Ville pour y mettre les malades et les blessés ! Il était trop tard. En souvenir de la destruction de nos archives municipales en 1814, on avait descendu dans ces sous-sols les registres de l'état civil, les tableaux du Musée, les manuscrits et les livres les plus précieux de la Bibliothèque. On y avait également recueilli les archives des ponts et chaussées, celles d'une intendance militaire et toutes les lettres que l'interruption du service des postes empêchait de faire parvenir à destination (1).

Le gouvernement essayait de regagner le temps perdu : il créait les gardes nationales rurales ; il distribuait un peu au hasard deux mille fusils dans l'arrondissement ; il rappelait sous les drapeaux les anciens militaires de 25 à 35 ans non mariés ou veufs sans enfants. Le 27 août, le ministre de la guerre ordonnait au commandant de la place de Soissons *de prendre les mesures de la dernière heure.* On transformait en « régiments de marche » les bataillons de la garde mobile.

(1) Archives de la Mairie de Soissons. Lettre du lieutenant-colonel de Noüe et réponse de M. Salleron, président de la Commission municipale.

M. Carpentier, promu au grade de lieutenant-
colonel, était désigné pour prendre le commandement du 17ᵐᵉ de marche composé des deux bataillons de Soissons, et M. Casimir d'Auvigny, ancien
officier de cavalerie, le remplaçait à la tête du 2ᵐᵉ.
Enfin le préfet lançait une proclamation aux
habitants du département de l'Aisne pour les
exciter à la résistance : « Qu'on entrave la marche
« de l'ennemi ; qu'on coupe ses communications
« et ses convois ; qu'on soustraie à ses réquisitions
« tout moyen d'alimentation et de transport.
« L'ennemi se brisera devant le patriotisme de
« tous. Il n'est pas d'épreuves qu'un peuple viril
« ne puisse surmonter (1). » Et, pour relever les
courages, il communiquait aux journaux une
note officieuse faisant de la situation ce tableau
rassurant : « Les hommes de dévouement et
« d'énergie que le préfet de l'Aisne a chargés
« d'aller s'entendre avec les conseillers géné-
« raux, les conseillers d'arrondissement, maires,
« commandants de gendarmerie et sapeurs-pom-
« piers, etc., pour l'organisation d'une résistance
« vigoureuse sur les points les plus directe-
« ment menacés, adressent les meilleurs ren-
« seignements au sujet de l'état moral du pays.
« Partout on refuse de subir, on repousse la honte
« de l'invasion. *Les gardes nationaux et sapeurs-*
« *pompiers se concentrent et s'organisent* ; il ont reçu
« toutes les armes et munitions en dépôt dans
« le département ; la préfecture en attend de

---

(1) Circulaire de M. Joseph Ferrand, préfet de l'Aisne, aux
sous-préfets, maires, commandants de garde nationale et de
sapeurs-pompiers, en date du 27 août. (*Argus soissonnais* du
30 août 1870.)

« nouvelles d'un instant à l'autre. Des maires
« demandent à se joindre, un fusil à la main, à
« leur garde nationale ; le préfet les y exhorte, se
« tenant prêt lui-même à se placer au milieu de la
« garde nationale de Laon. Dans le canton de
« Craonne, il se forme une compagnie de francs-
« tireurs sédentaires. Sur d'autres points, ceux
« des habitants des campagnes qui n'ont pas
« encore d'armes annoncent qu'ils courent sus à
« l'ennemi et le harcellent par tous les moyens
« possibles. D'un autre côté, beaucoup de proprié-
« taires et cultivateurs commencent à organiser
« des convois de troupes et de denrées, qu'ils
« dirigeront de manière à faire le vide autour de
« l'ennemi, à l'affamer, en même temps qu'appro-
« visionner notre propre armée et la population.
« Enfin, les travaux de coupures de routes et
« de chemins, prescrits par le comité local de
« défense, sont déjà en voie d'exécution ; ils
« seront gardés jour et nuit par les pompiers. En
« un mot, c'est la guerre de guérillas, mais une
« guerre sacrée et légale qui s'organise active-
« ment. Tout atteste que si l'ennemi paraît, il
« rencontrera en nous des enfants dignes de la
« grande patrie, une défense et une résistance à
« outrance. Confiance et énergie. » Hélas ! la
réalité ne répondait guère à ces patriotiques assu-
rances qui tombaient au milieu d'un désarroi
général.

On annonçait déjà l'apparition de coureurs
ennemis dans la Marne, et le commandant de
place, lieutenant-colonel de Nouë, faisait garder
les voies ferrées par des mobiles, en attendant que
cette surveillance fût confiée au personnel des

gares qui allaient recevoir des armes et des munitions. A Soissons, les bâtiments de la gare étaient
mis en état de défense par des travaux de maçonnerie et des meurtrières qui devaient faciliter la
résistance contre une attaque inopinée de quelques
uhlans ; mais après la bataille de Sedan, les
employés du chemin de fer rentrèrent en ville, et
la gare, occupée durant quelques jours par un
détachement de la garnison, fut définitivement
abandonnée le 10 septembre ; on aurait dû songer
au moins à détruire les travaux de défense qu'on
y avait faits. L'assiégeant sut les mettre à profit.
Sans occuper la gare d'une manière permanente,
ce qui l'eût exposé au feu de nos remparts, il s'en
servit habilement pour repousser nos sorties.

On était dans les derniers jours d'août. Les 27,
28 et 29, le service des voyageurs fut complètement
supprimé sur la ligne de Paris à Soissons et sur
celle de Laon, pour assurer le rapide passage du
13ᵉ corps (général Vinoy) envoyé comme renfort
au maréchal de Mac-Mahon (1). Ces troupes com-
posées de 28,000 fantassins environ, de 2,500 chevaux et d'artillerie, seraient arrivées bien plus
rapidement à destination par Reims et Rethel,
n'ayant eu à franchir que 248 kilomètres au lieu
de 271. Mais cette dernière ligne était déjà coupée
en deçà de Mézières ; il fallut donc suivre l'autre
itinéraire. Le transport s'opéra avec une lenteur
d'autant plus grande qu'à partir de Soissons il n'y
avait qu'une seule voie, et que la section comprise
entre Vervins et Hirson n'était pas tout à fait
achevée. On dut ralentir la vitesse sur cette partie

(1) Voir l'ouvrage du général Vinoy et le travail du baron
Ernouf : *Le chemin de fer du Nord pendant la guerre.*

moins sûre, de sorte qu'après avoir parcouru en sept heures les 215 kilomètres qui séparent Paris d'Hirson, on ne mit pas moins de six heures pour franchir les 56 derniers kilomètres jusqu'à Charleville. Cette circonstance sauva le 13e corps : le général Vinoy, dès son arrivée à Mézières, ayant acquis la certitude que l'ennemi, déjà en forces autour de lui, rendrait sa jonction impossible avec le maréchal de Mac-Mahon, feignit de s'enfermer dans cette ville (1er septembre), et d'y préparer la résistance. A dix heures du soir, il en sortait, prenait la direction de Sedan, et, à une certaine distance, se rejetait sur la gauche par des chemins de traverse pour se rabattre sur Laon où il arriva dans la nuit du 5 septembre. C'est là qu'il apprit le désastre de Sedan (1).

Le dimanche matin, 4 septembre, la nouvelle de l'anéantissement de l'armée de Mac-Mahon parvient à Soissons; elle y éclate comme un coup de foudre et brise nos dernières espérances. On ne peut plus se bercer d'illusions; le torrent de l'invasion va s'avancer sur nous, la route de Sedan à Reims est sa pente naturelle, et Reims n'est qu'à quinze lieues de Soissons! Aussi beaucoup de personnes âgées, craintives ou malades, bon nombre de femmes et d'enfants se disposent à

---

(1) Pendant que le général Vinoy se repliait en toute hâte pour échapper aux étreintes d'un ennemi qui pouvait le gagner de vitesse, le ministre de la guerre lui adressait la dépêche suivante à Laon : « *Guerre à général Maud'huy, pour remettre au général Vinoy dès qu'il le pourra :* Savez-vous quelles sont les forces qui vous poursuivent ? Avez-vous combattu ? Voilà le général d'Exéa qui se dirige sur Soissons. *Ne vous serait-il pas possible de faire front et de bousculer la tête des colonnes de l'ennemi ?* » (*Siège de Paris*, par le général Vinoy. — Appendice, p. 432.)

s'éloigner, en prévision des rigueurs d'un siège et des horreurs d'un bombardement. Que de larmes répandues! que de cruelles séparations! que d'adieux sans retour!

Dans l'après-midi de ce jour néfaste, la division du général d'Exéa (3e division du 13e corps), chargée de couvrir la ville de Reims, qui était devenue tête de ligne depuis la marche de Mac-Mahon sur Rethel, et un bataillon de mobiles de la Marne, arrivent à Soissons, battant en retraite devant l'ennemi. L'aspect de ces troupes indisciplinées et des scènes regrettables de pillage produisirent une impression fâcheuse sur l'esprit de la garnison. Les soldats criaient à la trahison! ils eussent été dans le vrai en criant à l'impéritie; elle se manifestait sous mille formes diverses, et l'on flottait au hasard d'événements qu'on n'avait su ni prévoir, ni conjurer. Le lendemain, la division d'Exéa et les mobiles de la Marne continuèrent leur mouvement de retraite.

Des francs-tireurs parisiens accourus « pour garder les ouvrages fortifiés des montagnes environnantes » se replièrent également, après avoir constaté *de visu* que ces ouvrages n'existaient que dans la trop féconde imagination des feuilles boulevardières de la capitale. « Ce qui distingue les Français des autres peuples, a dit Gœthe, c'est leur profonde ignorance en géographie. » Que de fois les faits n'ont-ils pas confirmé ce jugement sévère!

A peine notre armée venait-elle de disparaître dans le gouffre de Sedan qu'une révolution éclatait à Paris. Vers dix heures du soir (4 septembre), le baron de Barral, sous-préfet de Soissons, faisait porter officiellement à la connaissance de la population une dépêche signée « Léon Gambetta, ministre de l'intérieur, » lui notifiant la déchéance de l'Empire, la proclamation de la République, et la nomination à l'Hôtel de Ville « par acclamation » d'un gouvernement de « défense nationale ». Fidèle à sa devise « *Aultre ne sers* », le baron de Barral, que des liens de parenté rattachaient à la famille impériale, avait adressé sur-le-champ sa démission au nouveau ministre, en l'informant qu'il resterait à son poste jusqu'à l'arrivée de son successeur.

Le Conseil municipal décide alors de siéger en permanence à la Mairie. On installe près du pont, sur l'emplacement de la *Vieille Boucherie*, un moteur à vapeur pour alimenter les fontaines publiques, à défaut de la machine hydraulique de Villeneuve, qui ne pouvait plus fonctionner par suite de l'inondation occasionnée par le barrage que le génie militaire avait établi en amont du pont de pierre de la ville. Cette inondation s'étendait au loin et noyait les fossés de nos remparts, à l'exception des bastions du sud-ouest (3-4-5) dont le pied restait à sec, en raison de la surélévation du terrain. Il n'eût été possible de tenter l'assaut que par ce côté vulnérable ; c'est là que les Allemands ouvrirent la brèche et qu'ils concentrèrent, durant le siège, les efforts de leur attaque.

Le débordement de l'Aisne et de la Crise, en emplissant d'eau les caves d'un grand nombre des maisons de Soissons, priva les habitants d'un abri sûr pendant le bombardement et occasionna

des pertes matérielles importantes. Beaucoup de
personnes avaient descendu dans leurs sous-sols
du mobilier, du linge, des valeurs et des objets
précieux. Lorsque la crue se manifesta, il fallut
remonter tout cela au plus vite. Le quartier
composé de la rue de la Bannière, de la rue Notre-
Dame et de la Cour-Céleste fut particulièrement
éprouvé, car l'eau, montant par la bouche d'un
égout que le génie n'avait pas fermée, envahit les
maisons et monta à un mètre vingt centimètres
au-dessus de certains rez-de-chaussée. Les
murs menaçaient de s'effondrer, et les habitants
durent se réfugier aux étages supérieurs ou
abandonner leur logis avec tout le mobilier
qu'on déménagea par les fenêtres à l'aide de
barques. Le soir, ces rues noyées, silencieuses et
vaguement éclairées, le reflet des lumières dans
l'eau, l'ombre des personnes qui se risquaient
sur de petites passerelles improvisées, et çà
et là quelques embarcations glissant, munies
de lanternes, formaient un tableau pittoresque,
rappelant un coin de Venise.

La situation empirait chaque jour, et les plus
graves conséquences eussent été à craindre si
un citoyen dévoué, M. Léon Lecercle, n'avait
pris le parti d'organiser une défense efficace
contre un fléau qui devenait de plus en plus
redoutable. Sous sa direction, une escouade
d'ouvriers civils parvint à creuser un canal de
dérivation. On rencontra des difficultés de tout
genre ; mais les travailleurs constamment soutenus par les conseils de M. Lecercle vinrent à
bout de leur courageuse entreprise et les rues
submergées furent successivement rendues à la

circulation (1). On a lieu d'être surpris qu'un
pareil état de choses, qui dura plusieurs semaines,
n'ait attiré l'attention d'aucune autorité. Pendant qu'on laissait à l'initiative privée le soin
d'arracher un des quartiers de la ville à une
destruction inévitable, des centaines de gardes
mobiles étaient occupés au blindage de la poudrière qui ne contenait plus une livre de poudre,
les munitions qui s'y trouvaient ayant été réparties dans les casemates des remparts.

D'ailleurs l'autorité militaire pouvait-elle songer
à sauvegarder nos foyers au moment où elle poursuivait avec rage la démolition des maisons de
nos faubourgs, bâties dans la première zone? Pour
en hâter la destruction on y mettait le feu ; les
poutres fumaient, les murs s'écroulaient, en
présence de nombreux curieux qui contemplaient
ce spectacle, attristés et surpris. A quoi bon
l'amoncellement de tant de ruines, prescrit par
de vieux règlements? L'ennemi ne pourra-t-il pas
s'abriter derrière tous ces décombres qu'on n'aura
point le temps d'enlever? L'anéantissement des
jardins situés aux portes de la ville s'opère avec
une égale précipitation ; on ne fait pas grâce au
moindre arbrisseau et pourtant l'inondation pro-
voquée par le barrage du génie va élever le niveau
de l'Aisne et de la Crise au-dessus des routes de
Reims et de Château-Thierry et rendra impossible
à l'assiégeant l'occupation de ces terrains qui

_____

(1) Un habitant de Soissons, M. Scellier-Létoffé, a le droit
d'être cité après M. Léon Lecercle pour l'utile concours qu'il
a prêté à l'œuvre de sauvetage de ces quartiers qui, sans le
dévouement désintéressé de ces deux citoyens, auraient été
détruits.

disparaîtront, en certains endroits, sous plus d'un mètre et demi d'eau.

Pendant que la hache et la torche jonchaient nos faubourgs de ruines et de débris fumants, la poudre accomplissait de son côté son œuvre destructive. Le 6 septembre, on faisait sauter le magnifique pont de Villeneuve-Saint-Germain, sur la ligne de Laon, et le ponceau de Saint-Médard. La rupture du pont eût seule suffi à priver les Allemands du libre accès de cette voie ferrée, mais on apportait dans la destruction qui, en temps de guerre devient une science, le même esprit de vertige que dans la préparation des premiers plans de campagne. Les ponts de Missy et de Condé sont également sacrifiés ; on obstrue le tunnel de Vauxaillon ; on fait sauter celui de Vierzy ; mais comme ce dernier tunnel était dépourvu de chambre à mine et que le temps manquait pour en pratiquer une, on employa des pétards qui n'occasionnèrent qu'un éboulement de deux cents mètres environ (1). Là encore la fortune servit nos ennemis ; ils réparèrent rapidement le dégât ; et, durant le siège de la capitale, leurs trains, — à partir du 21 novembre, — circulèrent en toute liberté de la frontière à Mitry (2).

(1) Il n'existait de chambre à mine que dans les ouvrages d'art compris dans la zone frontière qui commençait à Soissons.

(2) Un écrivain militaire allemand, M. J. de Wickede, rendant compte des principaux événements de la campagne de 1870, attribue une importance décisive à ces procédés de destruction stratégique. « Après Wœrth, dit-il, les Français commirent la faute de ne pas détruire les voies ferrées, de ne point faire sauter les longs tunnels percés dans les Vosges au delà de Saverne. La joie de l'avant-garde allemande fut égale à sa surprise lorsqu'elle trouva ces tunnels parfaitement intacts et les défilés des Vosges très faciles à traverser. Si l'on avait fait sauter ces tunnels, si l'on avait pris toutes les mesures pour

Sur ces entrefaites (6 septembre), le général marquis de Liniers venait prendre le commandement de la place et adressait la proclamation suivante aux habitants et à la garnison : « Le « général commandant la 4ᵉ division militaire fait « connaître aux troupes de la garnison et aux « habitants de Soissons que, par ordre du ministre « de la guerre, il prend le commandement « supérieur de la place. Dans les circonstances « graves où nous nous trouvons, le maintien de la « discipline la plus sévère est avant tout un devoir « impérieux pour lui : un conseil de guerre va « être immédiatement organisé. Il sera appelé « à juger, conformément aux lois militaires, tout « individu qui se rendrait coupable de déprédation « ou d'indiscipline. Les décisions prises par ce « conseil seront immédiatement exécutées avec « la dernière rigueur. Le général fait appel au « patriotisme et au dévouement de tous pour éviter « la sévérité des mesures devant lesquelles il ne « reculerait pas (1). » Au moment même où cette proclamation était lue aux carrefours de la ville et publiée par la presse locale, on réquisitionnait à la Mairie plusieurs voitures pour le général et son état-major, qui venaient de recevoir l'ordre de se rendre à Paris. Le général de Liniers prit la route de Compiègne, toutes les communications étant interceptées entre Soissons et Villers-Cotterêts, par des tranchées et des arbres jetés au

que le passage des Vosges devint périlleux, et c'était là chose aisée à exécuter en deux ou trois jours, il eût fallu des semaines à l'armée allemande avant qu'elle pût arriver à Nancy. » — *Revue des Deux-Mondes*, livraison du 15 octobre 1871, pages 885 et 886.

(1) *Argus soissonnais* du 6 septembre 1870.

travers de la route. Il est superflu de faire ressortir
l'effet déplorable produit par ce départ précipité.
Avant de nous quitter, le général avait laissé un
ordre du jour qui ne fut pas publié, probablement
parce qu'on redouta l'impression qu'il eût fait sur
l'esprit de la population ; le voici : « Le général
« commandant la 4ᵉ division militaire a reçu du
« ministre de la guerre l'ordre de se rendre
« immédiatement à Paris au moment où il faisait
« appel au patriotisme des habitants de la ville de
« Soissons, et où il s'apprêtait à concourir avec
« eux à la défense de la ville. Le général quitte
« avec beaucoup de regrets cette loyale et brave
« population de Soissons qui fera son devoir dans
« les graves circonstances que nous traversons
« et dont le dévouement sera à la hauteur
« des épreuves qu'elle pourra peut-être avoir à
« supporter. »

La place se trouvait réduite à ses propres forces
et ne devait plus s'attendre à aucun secours
extérieur. Le gouvernement ne pensait qu'à Paris,
il y appelait généraux et soldats, en se contentant
de donner à la province des ordres de résistance
désespérée. Toutefois le lieutenant-colonel de
Nouë continuait à prendre toutes les mesures
réglementaires ordonnées dans l'attente d'une
prochaine attaque régulière : il désignait à la
garnison et aux gardes nationaux les emplacements
à occuper, pour le cas d'une prise d'armes ; il
répartissait les pompiers par quartier pour les
incendies ; il avisait les habitants « qu'ils devaient
« toujours être prêts à faire la chaîne, sans comp-
« ter sur la troupe, qui ne pouvait quitter sa place
« de défense. » Il faisait relier à son bureau, au

moyen de fils télégraphiques, les portes de la ville
et le sommet de la tour de la Cathédrale qui,
durant l'investissement et le bombardement,
servit de poste d'observation ; il adressait enfin un
appel chaleureux aux troupes : « Nous avons tous
« pour le moment un devoir à remplir c'est celui
« de nous opposer à la marche de l'ennemi ;
« réunissons tous nos efforts pour ne pas manquer
« à la confiance que le gouvernement a mise
« en nous. »

Sur l'avis qu'il en avait reçu, le lieutenant-
colonel de Noüe annonçait au maire de la ville,
M. Deviolaine, l'arrivée imminente de trois batteries d'artillerie, *qui n'entrèrent jamais dans Soissons*,
et il s'attachait à soutenir le moral de la population
et de la garnison : « Sous peu, la place, qui va
« encore recevoir trois batteries d'artillerie, va
« être dans un état parfait de défense. La troupe
« comme la garde nationale, je n'en doute pas,
« est animée d'un élan vraiment remarquable.
« Il faut donc que la population envisage avec
« sang-froid et surtout avec courage la position
« de l'état de siège et que, par son attitude
« énergique, la ville voie son nom placé à la suite
« de ceux de Strasbourg, Phalsbourg, Verdun,
« Thionville, qui ont été acclamés comme ayant
« bien mérité de la patrie (1). »

Le maire ne partageait pas la confiance qui
animait le commandant de Noüe et il insistait
près de lui pour que l'on obtînt du gouvernement
l'envoi immédiat d'artilleurs de ligne et de
deux bataillons de bonnes troupes pour assurer

---

(1) Archives de la Mairie de Soissons, Lettre du lieutenant-
colonel de Noüe à M. Paul Deviolaine, maire de la ville.

l'efficacité de la défense. M. de Nouë répondit :
« Par une dépêche télégraphique, le ministre
« de la guerre m'annonce pour aujourd'hui
« (7 septembre) l'arrivée d'une batterie venant de
« La Fère (1). » Cette batterie ne vint pas à
Soissons et fut retenue à Laon pour *défendre* la
citadelle. « Maintenant que nos communications
« sont coupées, ajoutait M. de Nouë, il est un peu
« tard pour faire la demande qui fait le sujet de
« votre lettre d'hier et qui, je puis vous en
« renouveler l'assurance, n'est nullement basée
« sur l'urgence. Ce qu'il nous faut, c'est de la
« confiance et pas cette inquiétude vague que,
« malgré vous, je veux bien le croire, vous laissez
« percer et réagir sur la population dont la masse
« est pleine d'énergie. N'ayant aucune sortie à
« faire, bien suffisamment armés de bouches à
« feu, notre genre de défense est très facile et
« peut très bien se faire avec notre garnison,
« appuyée par la garde nationale sédentaire
« qui, j'en suis certain, nous rendra de grands
« services. »

La vérité est que la situation de la place restait
des plus précaires : on manquait d'artilleurs.
M. de Nouë lui-même avait fait précédemment
appel au patriotisme des Soissonnais « pour
« former au sein de la garde nationale une
« compagnie d'artilleurs volontaires qui rendrait
« service à une place d'un développement de
« fortifications aussi considérable, comportant
« cent cinquante pièces d'artillerie *desservies par*
« *un nombre d'artilleurs relativement très faible* (2) ».

(1) Archives de la Mairie de Soissons.
(2) Archives de la Mairie de Soissons.

Cet appel avait été entendu d'un certain nombre de citoyens courageux qui se formèrent en compagnie de volontaires et qui défendirent le bastion de l'Arquebuse pendant le siège et le bombardement. Mais malgré tout, le nombre des canonniers demeura tout à fait insuffisant. Il y avait en batterie sur les remparts cent-vingt-cinq pièces qui eussent exigé 1,200 hommes environ. Or, en faisant le compte des artilleurs de ligne, — (moins de cent), envoyés de La Fère en août, pour procéder à l'armement — des artilleurs volontaires soissonnais, des trois batteries de la mobile du département du Nord, arrivées le 1er septembre, et de quelques anciens canonniers que l'on avait requis comme instructeurs, *on n'atteignit jamais le chiffre de 400.* Et, comme au début de la campagne, la place ne possédait pas un seul soldat du génie, le général d'Exéa nous en avait laissé trente, sous les ordres d'un lieutenant.

Un tel état de choses ne rassurait pas la population qui se demandait de quelle manière on défendrait la place, puisque, d'après le commandant de Noüe, « il n'y avait aucune sortie à faire » et que rien n'empêcherait l'ennemi de nous bombarder du haut des montagnes qui dominent la ville à une distance de 2,000 mètres. Il faut dire aussi que, sous le coup de nos premiers désastres, une partie des troupes de la garnison montrait des dispositions indécises. Dès le 5 septembre, — le lendemain de la révolution de Paris, — des cas fâcheux de désertion s'étaient produits dans ses rangs, et il ne fallut rien moins que l'indomptable énergie du major Denis pour écraser des germes de sédition.

C'est le 9 septembre que la présence de l'ennemi
fut signalée pour la première fois dans l'Arrondissement, par un exprès du maire de Vailly,
M. Menessier, qui apporta au lieutenant-colonel
de Nouë la nouvelle que des cavaliers blancs
venaient d'entrer en cette ville et réquisitionnaient
des vivres pour le corps d'armée qu'ils précédaient
(4e corps, général Alvensleben). Le pont de Vailly,
n'ayant pas été détruit, assurait aux Allemands le
passage de l'Aisne. L'avant-garde de ce corps
d'armée détacha jusqu'à Bucy-le-Long un officier,
escorté de plusieurs cavaliers, qui demanda à
parler au maire. En l'absence de celui-ci, il se fit
conduire chez un des notables habitants du pays,
M. Brun, vieillard septuagénaire, auquel il intima
l'ordre de porter une lettre au commandant de la
place de Soissons. La nuit tombait; M. Brun
chercha à convaincre l'officier de l'imprudence
inutile qu'il y aurait à tenter cette démarche, tant
à cause de l'obscurité que de la fermeture des
portes de la ville ; l'officier ne se rendant à ces
raisons, M. Brun dut obéir. Il monta dans une
voiture, accompagné de M. Pecqueux, curé de
la paroisse, et partit sous la surveillance de
deux cavaliers qui s'arrêtèrent près du pont de
la ligne de Laon, pour lui permettre de remplir
sa mission avec plus de sécurité. Arrivé devant la
porte de la ville, M. Brun essaie de parlementer
avec une sentinelle qui, de son côté, crie :
Qui vive! Et l'officier du poste, un lieutenant
de la garde mobile, croyant voir des uhlans,
donne l'ordre à la sentinelle de faire feu : M. Brun
est atteint à la cuisse. Le premier coup de fusil
tiré de nos remparts frappait un Français ! La

blessure était heureusement peu grave. M. Brun
retourna à Bucy, et l'officier allemand se confondit
en regrets plus ou moins sincères sur la triste
issue de sa mission.

L'annonce de l'arrivée des Allemands à Vailly
et le bruit qui s'accrédite en ville que des uhlans
se sont avancés jusque sous nos murs réveillent
la rage de destruction du conseil de défense (1).
On fait sauter les ponts de Pommiers et de Pasly.
On sacrifie même la passerelle du Mail, bien
qu'elle se trouvât des deux côtés de l'Aisne sous la
protection du canon de la place. En cas d'un siège,
régulier, elle pouvait être nécessaire, et si les
circonstances avaient rendu impraticable le pont
de pierre, qui relie le faubourg Saint-Vaast à la
ville, elle eût été indispensable. Et d'ailleurs, au
lieu de jeter son tablier dans la rivière, on aurait
pu le déposer sans dégât sur le chemin de halage.
Lorsque les officiers allemands entrèrent dans
Soissons, après la reddition de la place, ils expri-
mèrent leur surprise de voir ce tablier gisant dans
l'eau et demandèrent sérieusement à quelle cause
un pareil accident était dû. On détruisait une
passerelle qui ne pouvait servir à l'ennemi, alors
que d'autres ponts, demeurés intacts autour de
nous, lui permettaient de passer l'Aisne.

Rien ne s'oppose plus maintenant à la marche
de l'envahisseur ! La marée de l'invasion monte ;

---

(1) Le conseil de défense était ainsi composé : le lieutenant-
colonel de Nouë, commandant la place ; le chef d'escadron
Roques-Salvaza, commandant l'artillerie ; le chef de bataillon
Mosbach, chef du génie ; le major Denis, du 15me de ligne ; le
lieutenant-colonel Carpentier, commandant des deux bataillons
de mobiles, et MM. les chefs de bataillon de mobiles, Casimir
d'Auvigny et de Fitz-James.

elle submerge nos campagnes ; elle pousse ses
premiers flots jusque sous les murs de Paris,
tandis que la .place de Soissons, immobile et
impuissante, au milieu des eaux de l'Aisne débordée, apparaît derrière ses vieilles murailles, et
sa rangée de canons du temps de Louis XIV,
semblable à une corvette de la marine d'autrefois,
qui voudrait braver les fureurs de l'Océan et le feu
de l'artillerie moderne. Encore quelques jours,
et l'armée allemande, qu'elle doit arrêter, va la
tourner tranquillement et lui lancer trois boulets
comme pour la narguer au passage !

CHAPITRE II.

La marche rapide des Allemands sur Paris, après la bataille de Sedan, dissipa les dernières illusions de ceux qui croyaient que le roi Guillaume n'avait voulu faire la guerre qu'à la dynastie napoléonienne et que la chute de l'Empire assurerait la conclusion de la paix. Napoléon III tombé, la cause secrète de l'invasion se révéla en pleine lumière aux yeux du monde entier : La Prusse poursuivait contre la France une guerre de race et de conquête dont le couronnement devait être la fondation d'un nouvel empire germanique et l'annexion longuement caressée de l'Alsace. Les *lieder* d'Outre-Rhin n'apprennent-ils pas aux enfants, depuis 1813, que « la patrie allemande

« s'étend aussi loin que la langue germanique
« résonne sous le ciel de Dieu » ?

Comme on l'a vu plus haut, dès le 4 septembre, la
division du général d'Exéa et quelques bataillons
de mobiles, — seules forces régulières qui nous
restassent dans le nord-est, — s'étaient repliées
en toute hâte, ainsi que les troupes du corps
Vinoy, sans essayer d'arrêter l'ennemi à la merci
duquel on abandonnait les villes et les campagnes.
Nos routes présentaient un aspect lamentable (1).
On n'y rencontrait que troupeaux et bétail, chariots
pleins de vivres, voitures encombrées de mobilier,
paysans à pied, poussant leur vache devant eux ;
et, sur le bord du chemin, des vieillards, des
femmes, des enfants, reprenant quelque force
pour continuer à fuir devant l'invasion. Tous
les visages portent l'empreinte d'une terreur
indicible. On va droit devant soi, au hasard.
On se cache dans des carrières, on se sauve
dans les bois, on gagne les forêts de Retz et de
Compiègne, courant quelquefois au-devant de la
mort que l'on veut éviter. C'est la déroute du pays
après celle de l'armée ! On eût dit l'exode d'un
peuple (2) ! A Soissons, on ne cessait de prendre

---

(1) Le préfet, revenu de son optimisme et de sa fougue
belliqueuse, télégraphiait au ministre de l'intérieur : « Laon,
« 7 sept. 12 h., 30 m. soir. — Situation dans l'Aisne, en réponse
« à votre question : *angoisses extrêmes* au sujet de l'invasion.
« Malheureusement, surtout dans les campagnes, plus d'abbatte-
« ment que de ressort..... »

(2) « On signale une grande agglomération de paysans gardant
« dans les *bois* de Villers-Cotterêts une certaine quantité de
« bétail que, d'après renseignements reçus sur le parcours, on
« peut évaluer à 30,000 bœufs et plus de 15,000 moutons. Je vous
« prie de prendre les mesures qui vous paraîtront les plus conve-
« nables. » Dépêche de M. Léon Gambetta, ministre de l'intérieur,
en date du 7 septembre, aux préfets de l'Aisne et de l'Oise.

toutes les mesures que réclamait la gravité des circonstances. On activait les travaux de défense ; on coupait les fils du télégraphe sur Reims ; on refoulait sur Paris le matériel du chemin de fer ; on enlevait les rails de la voie ; le chef de gare mettait en lieu sûr les archives de la Compagnie du Nord ; l'administration municipale rappelait aux habitants la nécessité de placer à chaque étage des maisons des récipients pleins d'eau ; et, comme d'un moment à l'autre le cimetière communal, situé sur la route de Compiègne, pouvait ne plus offrir une sécurité suffisante, on désignait le jardin de l'Hôpital pour l'inhumation des morts.

Le 10 septembre, un parlementaire se présente devant la porte Saint-Martin pour demander la reddition de la place. Le commandant de Nouë lui répond « que la place est bien armée, qu'elle a « une garnison imposante et animée du meilleur « esprit, que les habitants sont prêts à tous les « sacrifices, que tout le monde en un mot est « disposé à s'ensevelir sous les murs plutôt que de « se rendre (1) ».

Voici exactement quelle était alors notre situation militaire : La garnison comprenait 30 soldats du génie ; 115 artilleurs de ligne ; 230 artilleurs de la garde mobile ; 50 artilleurs volontaires soissonnais et anciens artilleurs requis comme instructeurs pour les mobiles ; 1,800 soldats (dépôt du 15ᵉ de ligne) ; 3,000 gardes mobiles (2ᵉ et 6ᵉ bataillons de l'Aisne) ; total : 5,225 hommes. Il y avait en outre un bataillon de garde nationale séden-

---

(1) Archives de la Mairie de Soissons.

taire (500 hommes) ; une compagnie de sapeurs-
pompiers ; une compagnie de gardes nationaux
volontaires, formée d'ouvriers, de citoyens non
incorporés (225 hommes) et 15 gendarmes.
L'armement comprenait 122 pièces d'artillerie de
toute nature. On mit en batterie 110 bouches
à feu, se décomposant ainsi : 41 canons rayés ;
10 mortiers ; 59 canons lisses et obusiers. Les
projectiles étaient en quantité suffisante ; il y
avait 83 mille kilogrammes de poudre et 2 millions
et demi de cartouches pour fusils de tout modèle.
Les vivres non plus ne manquaient pas (1).

Dans la soirée (10 septembre), il nous arrivait
de Paris un nouveau sous-préfet, M. d'Artigues,
entre les mains duquel le baron de Barral remit
le service administratif. M. d'Artigues, qui symbo-
lisait son titre de fonctionnaire du gouvernement
de la Défense nationale par un képi à quatre
galons d'argent, notifia aux Soissonnais la prise
de possession de son poste par la proclamation
suivante : « Habitants de Soissons, le gouverne-
« ment de la Défense nationale m'envoie au
« milieu de vous avec la mission de vous prêcher
« la concorde, le dévouement au pays et toutes
« les vertus civiques qui font les grands peuples.
« Vous allez peut-être avoir à supporter bientôt
« une rude épreuve. N'oubliez pas que la France
« a les yeux fixés sur vous et que, par votre
« exemple, par votre conduite courageuse, vous
« pouvez ranimer le patriotisme de bon nombre
« d'esprits timides qui hésitent encore à s'armer
« pour la défense du pays. Ne discutez pas l'utilité

(1) Pièce annexée, n° 1.

« plus ou moins grande d'une résistance déses-
« pérée; laissez de côté tout intérêt personnel ; il
« ne s'agit plus aujourd'hui que de vous montrer
« dignes du nom de Français (1). »

Cette proclamation belliqueuse, rédigée dans le
style habituel des documents du même genre, fut
très froidement accueillie par la population qui
commençait à se fatiguer des phrases retentis-
santes. Elle eût volontiers donné toutes ces belles
périodes pour un renfort de troupes solides et
pour l'arrivée des batteries d'artillerie, promises
par deux fois au commandant de place, batteries toujours attendues et jamais envoyées.
M. d'Artigues était du reste un homme conciliant
qui, après avoir déclaré avec une louable modestie
que les questions administratives lui étaient
absolument étrangères, mit sa bonne volonté au
service des autorités locales, avec lesquelles il ne
cessa d'entretenir les meilleurs rapports. Mais,
moins d'un mois après, — le 8 octobre, c'est-à-dire
quatre jours avant le bombardement, — il donnait
sa démission et disparaissait à nos yeux, sans faire
de proclamation, cette fois, pour aller « prêcher »
aux populations de l'ouest, « toutes les vertus qui
font les grands peuples ».

Depuis vingt-quatre heures une nouvelle sinistre
s'était propagée dans Soissons : on disait que
la citadelle de Laon avait sauté lorsque le grand-
duc de Mecklembourg en prenait possession. Les
bruits les plus contradictoires circulaient sur cet
événement que les uns regardaient comme un acte
sublime de patriotisme accompli par le général

_____

(1) *Argus soissonnais* du 11 septembre 1870.

Théremin d'Hame et que d'autres attribuaient à un simple accident. Voici l'exacte vérité sur cette catastrophe qui forme l'un des épisodes les plus émouvants de la guerre.

Le 8 septembre, le général Théremin, « qui « n'avait sous ses ordres qu'un bataillon et « une batterie d'artillerie de la garde nationale « mobile, non instruits, non disciplinés, et plus « disposés à la désertion qu'à la résistance (1) », fut sommé par le grand-duc de Mecklembourg de se rendre. En cas de refus, le grand-duc déclarait « que son armée brûlerait la ville avant d'attaquer « la citadelle, aux feux de laquelle elle pouvait « se soustraire ». Sur cette menace, le général Théremin télégraphia à Paris au ministre de la guerre qui répondit « d'agir devant la sommation « suivant les nécessités de la situation ». Le lendemain, le général se résigna à capituler; mais au moment où il rendait son épée au grand-duc de Mecklembourg, une explosion formidable remplit l'air : un magasin, renfermant 26,000 kilogrammes de poudre, venait de sauter. Le grand-duc de Mecklembourg, atteint légèrement à la jambe, tombe auprès du général Théremin qui était blessé mortellement à la tête. L'intérieur de la citadelle présentait un spectacle horrible : au milieu de murs écroulés, des monceaux de morts, des mourants qui se soulèvent et retombent inanimés, des blessés qui invoquent des secours. On compta, du côté des Français, 11 officiers et 200 mobiles tués ou disparus; 10 officiers et 150 soldats blessés; du côté des

(1) *Procès-verbal de la séance du conseil d'enquête* du 6 novembre 1871, présidée par le maréchal Baraguay-d'Hilliers.

Allemands, 30 morts, parmi lesquels 2 officiers, et environ 65 blessés.

Le grand-duc de Mecklembourg se relève furieux ; il menace Laon d'une vengeance « dont on se souvienne dans mille ans » ; et, pour l'exercer, il se rend à l'Hôtel de Ville, où siège le Conseil municipal. Il entre dans la salle des délibérations, tandis que les soldats de son escorte couchent en joue les conseillers et n'attendent qu'un mot pour faire feu. Les loyales explications du maire, M. Vinchon, l'apaisent et le ramènent au sentiment vrai de la situation ; il se laisse fléchir, épargne la ville et se contente d'ordonner l'arrestation du préfet et celle du général. Ce dernier succombe, après quelques semaines de souffrances, sur un lit d'hôpital ; le préfet est dirigé sur Reims, pour passer devant un conseil de guerre et de là envoyé en Allemagne, où il resta comme prisonnier jusqu'au 31 janvier 1871.

Quant à la catastrophe, il faut l'attribuer au garde d'artillerie Henriot qui, dans un accès de désespoir patriotique, avait mis le feu aux poudres, en s'inspirant peut-être de la légende du *Vengeur* ou de l'héroïsme qui a immortalisé le nom de Bisson. Mais Henriot aurait-il exécuté son projet s'il avait su que la citadelle n'était pas évacuée, et qu'il allait sacrifier, avec sa vie, celle de plus de deux cents Français (1) ?

L'occupation de Laon par l'armée allemande eut pour effet immédiat de rompre le dernier

---

(1) *Ephémérides de la guerre dans le département de l'Aisne*, par Ed. Fleury ; l'*Invasion dans le département de l'Aisne*, par E. Lavisse, et l'*Explosion de la citadelle de Laon*, par Gustave Dupont, Caen, 1877.

lien qui rattachait Soissons à la France et au gouvernement. Tous les services publics sont désorganisés, les communications postales et télégraphiques interrompues, la vie s'éteint peu à peu autour de nous, et les nouvelles que l'on reçoit des villages de la banlieue annoncent que l'ennemi se montre partout.

Un écrivain a bien rendu, dans les lignes suivantes, l'impression qui dominait les populations rurales à l'approche des Allemands : « Quand « l'ennemi arrivait après avoir été vingt fois « annoncé par de fausses rumeurs et qu'on voyait « s'avancer dans la plaine, graves, silencieuses, « sans trompettes, sans un cri, sans cliquetis « d'armes, les longues colonnes de ses cavaliers « et de ses fantassins, quand ses éclaireurs « paraissaient la carabine au poing, les plus « forts sentaient battre leur cœur. Cependant les « hommes entraient dans les maisons et s'y « installaient ; ils s'occupaient de la nourriture « et du coucher ; ceux qui étaient fatigués s'éten-« daient dans quelque coin, les malades deman-« daient des soins, tous paraissaient bourrus et « maussades. Néanmoins, comme on s'attendait à « être battu et chassé de chez soi, on commençait « à respirer, on remarquait avec plaisir que les « officiers affectaient une certaine politesse, on « se sentait protégé par la discipline allemande, « qui faisait l'admiration et l'envie de ceux qui « avaient vu, quelques semaines auparavant, « passer les troupes françaises (1). »

Ajoutons que si le moindre retard était apporté

(1) *L'Invasion dans le département de l'Aisne*, par E. Lavisse.

dans la fourniture d'une réquisition, si les armes
n'étaient pas immédiatement livrées, si les
officiers concevaient la crainte la plus légère sur
la sécurité de leurs troupes, si une apparence de
résistance se manifestait, les peines les plus
sévères, le droit de pillage, l'incendie, les voies
de fait les plus brutales, allant quelquefois jusqu'à
la mort, et même « *le fusillement* », étaient
ordonnés sans pitié et exécutés sans merci. Dans
l'arrondissement de Soissons, des maires furent
traînés sur la place publique et odieusement
frappés, des cultivateurs menacés du revolver,
des particuliers et de pauvres domestiques de
ferme succombèrent à de mauvais traitements; on
retrouva dans un fossé le cadavre de M. Nivelle,
maire de Buzancy. Et encore ne parlons-nous pas
ici des épouvantables exécutions de Pasly et de
Vauxbuin dont on trouvera plus loin le récit et
qui pèseront à jamais dans l'histoire sur le nom
du colonel de Krohn.

Les troupes allemandes qui s'avançaient sur
Paris à travers nos campagnes semblaient inépui-
sables. Les régiments succédaient aux régiments,
les canons aux canons, et derrière tout cela se
déroulait la queue lugubre et sans fin des lourds
chariots d'approvisionnement et des voitures de
réquisition. C'était bien une « nation armée »
qui avait envahi notre territoire. Du haut de la
Cathédrale on apercevait dans le lointain les files
de fantassins et de cavaliers que des éclaireurs à
cheval protégeaient contre une attaque inopinée
de la garnison, en venant hardiment caracoler
sur les montagnes voisines.

Le 13 septembre, des uhlans se hasardent à

quelques centaines de mètres de la porte dite porte de Laon et essuient des coups de feu de la part des mobiles qui les mettent en fuite ; dans le faubourg Saint-Crépin on s'empare de cinq fantassins que l'on amène au poste de la porte Saint-Martin où ils restent jusqu'à la nuit, afin de les dérober à la curiosité de la foule qui, sur le bruit de cette capture, accourait pour « *voir des Prussiens* ». Hélas ! les événements devaient bientôt rassasier nos regards de ce spectacle, alors tout nouveau. Ces divers incidents engagent le colonel de Noüe à ordonner une première reconnaissance aux troupes de la garnison qui explorent Sainte-Geneviève, les bois de Belleu, Vauxbuin, Mercin et Presles, sans rencontrer l'ennemi.

Le 14 septembre, dès le matin, une détonation sourde fait croire aux Soissonnais que la ville est l'objet d'une attaque soudaine : c'était la place qui tirait son premier coup de canon sur un groupe de uhlans. De longues colonnes de troupes défilaient alors tout autour de nous ; c'était le 4ᵉ corps prussien (général Alvensleben), qui, après avoir opéré sa concentration à Vailly et construit, la nuit précédente, un pont de bateaux entre Condé et Missy, poursuivait sa marche en avant. Vers midi, le général Alvensleben nous envoie un parlementaire pour faire une seconde sommation de reddition. Le lieutenant-colonel de Noüe répond, comme la première fois, par un refus énergique, déclarant que « la place est en « parfait état de défense et que la population, « aussi bien que la garnison, est décidée à « conserver à la France la place importante de

« Soissons (1) ». Comme si l'ennemi eût voulu tirer vengeance de ce refus, une de ses batteries de passage nous envoya trois obus.

On assistait depuis deux mois à des événements si prodigieux que les rumeurs les plus fantastiques, les plus ridicules même, trouvaient du crédit, surtout lorsqu'elles répondaient à nos désirs. C'est ainsi que vers le 16 septembre le bruit se propagea qu'Abd-el-Kader, à la tête de vingt-cinq mille Kabyles, venait de débloquer Bazaine, qui se dirigeait à marches forcées sur Lappion, commune au nord-est de Sissonne, où l'on avait reçu l'ordre de préparer des vivres pour l'armée du Rhin. Ce conte arabe était digne de toutes les légendes qui ont si follement entretenu notre espoir jusqu'à la dernière heure de cette guerre néfaste. La réalité cependant nous crevait les yeux. En dépit de tout, le passage des troupes allemandes continuait sans interruption. A Vic-sur-Aisne, l'état-major du corps qui s'y était concentré avait fait placarder *en français* la proclamation suivante :

« Conformément au paragraphe 4ᵉ de l'ordon-
« nance du 21 juillet 1867 et au rescrit du para-
« graphe 18 du code pénal militaire, il est proclamé
« qu'à partir d'aujourd'hui le département de
« l'Aisne de l'Empire français se trouve sous la
« jurisprudence militaire pour toutes les personnes
« qui sciemment porteraient préjudice aux troupes
« de l'armée de S. M. le roi de Prusse ou ses alliés,
« ou qui chercheraient à être utiles à l'armée
« française. En conséquence, seront punis de mort

(1) Archives de la Mairie de Soissons.

« toutes personnes non attachées aux troupes fran-
« çaises : ceux qui serviraient d'espions français,
« qui les admettraient chez eux, les cacheraient
« ou les assisteraient; ceux qui serviraient de
« guides aux troupes françaises et qui montreraient
« de faux chemins à nos troupes ; ceux qui
« tueraient ou blesseraient ou voleraient par
« esprit de haine ou de lucre les troupes de notre
« armée, celles de nos alliés ou les personnes y
« attachées ; ceux qui détruiraient des ponts ou
« des canaux, des chemins de fer ou des télé-
« graphes , rendraient les chemins impraticables
« ou incendieraient des munitions, vivres ou autres
« objets appartenant aux approvisionnements
« destinés à nos troupes ou à nos alliés; ceux
« qui prendraient des armes soit contre nous ou
« contre nos alliés. Chaque individu et les autorités
« seront tenus à se soumettre aux autorités
« militaires et à les suivre. En cas que des citoyens
« attaquent les troupes prussiennes ou celles de
« nos alliés ou détruisent des télégraphes , des
« chemins de fer, des ponts, des canaux, seront
« punies les communes qui ne livreront pas les
« malfaiteurs sur-le-champ à l'autorité militaire
« par de lourdes contributions en argent. De
« même les maisons desquelles se fait jour une
« attaque sur nos troupes ou nos alliés seront
« détruites de fonds (1). » Nous sentions cruel-
lement que l'ennemi régnait en maître sur
notre sol ; et ce n'était pas la capture de quelques
traînards que l'on opérait autour de Soissons qui
pouvait nous consoler de pareils outrages.

(1) *Argus soissonnais* du 16 septembre 1870.
Pièce annexée, n° 2.

Dix jours après la reddition de Laon, l'explosion
de sa citadelle et l'arrestation du préfet de l'Aisne,
le gouvernement confiait l'administration du
département à un rédacteur du *Siècle*, M. Anatole
de La Forge, en lui assignant la ville de Saint-
Quentin comme résidence provisoire (1). Dès
son entrée en fonctions, le nouveau préfet porte
à la connaissance de ses administrés un décret de
la délégation de Tours prononçant la dissolution
immédiate des conseils municipaux. Les préfets
étaient autorisés à désigner les membres des
bureaux qui devaient présider aux nouvelles
élections et remplir les fonctions municipales
jusqu'à la constitution définitive des municipalités,
dont la date était fixée aux 25 et 28 septembre ; le
lendemain 29, les conseillers municipaux devaient
choisir les maires et les adjoints ; et les électeurs
étaient encore convoqués le 2 octobre pour nommer les membres d'une assemblée constituante.
Le pays, qui avait procédé *un mois auparavant*
au renouvellement intégral de ses municipalités,
n'éprouvait pas le besoin d'élections nouvelles ;
et dans les départements envahis, il était maté-
riellement impossible de songer à faire des
élections politiques, puisque les populations étaient
devenues la proie de l'ennemi. On avait peine
à se reconnaître dans ce dédale de décrets qui
venaient si mal à propos troubler les esprits,
apporter au milieu de nous des causes d'affaiblis-
sement et des germes de division intestine alors

---

(1) Pour la clarté du récit, nous allons grouper et étudier en
une seule fois tous les faits qui constituent la partie politique
et administrative de notre sujet ; nous traiterons ensuite de la
même manière la partie militaire.

que rien n'aurait dû nous détourner de cette
pensée suprême : combattre l'invasion.

En même temps, M. de La Forge, armé de ses
« pleins pouvoirs », fulminait la triple révocation
des sous-préfets de Soissons, de Château-Thierry
et de Vervins, « attendu que ces fonctionnaires
« nommés par l'Empire ne pouvaient qu'être un
« obstacle au libre exercice du suffrage universel
« à la veille des élections. » Le baron de Barral,
démissionnaire depuis le 4 septembre et remplacé
depuis le 10 par M. d'Artigues, servait comme
simple citoyen dans les rangs de la garde
nationale de Soissons. Ayant donné l'exemple
honorable d'un fonctionnaire fidèle à son serment,
il protesta contre la mesure dont il était l'objet
et pria le préfet de rapporter son arrêté. M. de La
Forge répondit à M. de Barral que « sa révocation
« était une mesure générale qui devait atteindre
« tous les fonctionnaires du département nommés
« sous l'Empire »; et il ajoutait, dans sa réponse
écrite : « Si, comme M. d'Artigues me l'a dit, vous
« avez donné votre démission, je vous en félicite,
« et ma mesure n'aura eu qu'un tort, celui d'avoir
« été inutile (1). »

Etrange et fatal illogisme des partis ! Lorsqu'ils
saisirent le pouvoir, les hommes du 4 septembre
avaient réclamé « *tous les concours et toutes les
volontés* »; mais, dès le lendemain, impuissants à
tenir tête à la meute des solliciteurs, il fallut faire
la curée et transformer en fonctionnaires publics
les journalistes et les avocats qui pullulaient,
comme des moustiques, sur les ruines du régime

_____

(1) *Argus soissonnais* des 24 septembre et 1er octobre 1870.

déchu. « En révoquant ainsi, on se fait des
« ennemis investis de quelque pouvoir, en se
« créant des amis dénués de tout crédit ; on
« répand partout la terreur dans les cœurs ou la
« révolte dans les esprits ; on ébranle la foi
« dans la modération de la République (1). »

Nous venons de le dire, les décrets relatifs
aux élections étaient d'une exécution impossible
dans notre département, devenu en grande partie
la proie de l'étranger. Aussi M. de La Forge
dut-il prendre un arrêté portant que, « dans les
« communes pour lesquelles le temps ou les
« circonstances n'auraient pas permis d'instituer
« de commission provisoire, les trois premiers
« conseillers municipaux inscrits au tableau se-
« raient nommés membres desdites commissions,
« ou, sur leur refus, les membres portés à la
« suite. » Soissons se trouvait dans la situation
prévue et réglée par l'arrêté préfectoral. Menacée,
d'un moment à l'autre, d'être investie, la place
n'entretenait avec Saint-Quentin que des rapports
irréguliers qui ne permettaient guère à M. de
La Forge de choisir la Commission appelée,
jusqu'aux prochaines élections, à administrer la
ville. Conformément à son arrêté, on s'en référa au
résultat des scrutins des 7 et 14 août qui avaient
constitué le Conseil municipal de la manière suivante : MM. Dumont, entrepreneur de camionnage ;
Sugot, ingénieur en chef des ponts et chaussées ;
Perin, juge au tribunal civil ; Suin, notaire ;
Choron, avoué ; Fossé d'Arcosse, président du

(1) Lettre de M. Victor Lefranc, commissaire de la République
dans le département des Landes, en 1848, au ministre de
l'intérieur.

tribunal de commerce ; Boujot, président du tribunal civil ; Bodelot aîné, négociant ; G. Lecercle,
notaire honoraire ; Henri Salleron, avocat ; docteur
Fournier ; docteur Missa ; Wateau, banquier ;
comte Sieyes, propriétaire ; Alphonse Lemaire,
ancien cultivateur ; Despierres, négociant en
grains ; Dehaître, fondeur ; Leroy, négociant en
vins ; Journeaux, ancien négociant ; Eugène Rigaux,
propriétaire ; docteur Marcotte ; Poidevin aîné,
ancien cultivateur ; Quint, greffier en chef du
tribunal civil.

Aux termes de l'arrêté préfectoral, la Commission provisoire devait être composée de
MM. Dumont, Sugot et Perin. Mais, en raison de
l'incompatibilité qui existait entre ses fonctions
de magistrat et celles d'officier municipal, M. Perin
déclina le mandat ; et, sur le refus de M. Suin,
M. Choron, désigné par son rang, compléta la
Commission qui entra en fonctions le 23 septembre.
Jusqu'à ce jour, la ville avait continué à être
administrée par l'ancien maire, M. Paul Deviolaine.
Quelque temps avant les cruels événements dont
la France était le théâtre, M. Deviolaine avait
donné sa démission et même renoncé à faire
partie du Conseil ; mais peu de semaines après que
cette détermination eut été prise, les désastres
s'accumulaient sur nous, nous étions envahis, et
M. Deviolaine resta fidèlement à son poste, ne
cessant, au milieu de ces circonstances difficiles, de
veiller sans relâche aux intérêts de la cité. C'était
couronner avec honneur une longue carrière
de dévouement à la chose publique. Aussi
M. Deviolaine emporta-t-il dans sa retraite les
regrets unanimes de ses concitoyens, dont le

Conseil municipal se fit l'interprète lorsqu'il remit entre les mains de son successeur l'administration de la ville (1).

Le premier acte de la Commission municipale provisoire fut de notifier aux électeurs que, le surlendemain dimanche (25 septembre), il serait procédé à une nouvelle élection des conseillers municipaux. On n'avait pas beaucoup plus de vingt-quatre heures pour s'entendre sur les choix à faire; aussi l'opportunité des ces élections à la vapeur était-elle vivement discutée par la masse des honnêtes gens. Le dimanche 25 septembre, 1,142 électeurs sur 2,000 inscrits prirent part au vote qui empruntait un étrange caractère à la situation, car c'est au bruit d'une canonnade incessante que les Soissonnais se rendaient à l'Hôtel de Ville. En raison de l'heure avancée, on ajourna le dépouillement du scrutin au lendemain, mais on avait compté sans l'imagination inépuisable du triumvirat Crémieux — Glais-Bizoin — Fourrichon, qui, à la nouvelle des conditions d'armistice posées à M. Jules Favre par M. de Bismark à Ferrières, avait lancé une proclamation se terminant par ces mots : « A d'aussi insolentes préten- « tions, on ne répond que par la lutte à outrance, « la France accepte cette lutte et compte sur tous « ses enfants. » Cette proclamation était suivie de ce décret : « Vu la proclamation ci-dessus qui « constate la gravité des circonstances, le gouver- « nement décrète : 1° Toutes élections municipales « et pour l'Assemblée constituante sont suspen- « dues et ajournées; — 2° toute élection munici-

(1) M. Paul Deviolaine a été maire de Soissons de 1847 à 1848 et de 1853 à 1870.

« pale qui serait faite est annulée ; — 2° les préfets
« pourvoiront par le maintien des municipalités
« provisoires. » Ces documents étant parvenus à la
connaissance des membres du bureau au moment
où on allait procéder à l'ouverture de l'urne
électorale, on brûla les bulletins de vote qui, au
lieu d'enfanter un nouveau Conseil municipal, s'en
allèrent en fumée.

Renchérissant sur les décrets de la délégation
de Tours, M. de La Forge s'écriait dans une
proclamation aux habitants du département : « La
« première pensée du gouvernement de la Défense
« nationale avait été de vous appeler dans vos
« comices afin que, mis en possession de vos
« droits politiques, vous puissiez ratifier légale-
« ment l'acclamation populaire d'où est née la
« République. Aujourd'hui, les déclarations de la
« Prusse voulant réduire la France à l'état de
« puissance de second ordre ne laissent place qu'à
« un seul sentiment, celui de la résistance à tout
« prix. » C'est cette résistance qu'il aurait fallu
organiser d'une manière vraiment nationale, au
lieu de chercher à en faire le monopole de quelques citoyens qui certes étaient animés, — nous
n'en disconvenons pas, — d'un patriotisme sincère ;
mais, pleins d'une foi aveugle dans la toute-
puissance des mots et dans la sonorité des
formules, restant des hommes de parti, s'inspirant
de légendes révolutionnaires démenties par les
faits, oublieux des leçons de l'expérience, — *rerum
magistra*, — ils n'employaient pas les moyens
propres à ramener la victoire sur notre drapeau (1).

(1) Voir l'*Enquête parlementaire sur les actes du gouvernement de la Défense nationale*, notamment la déposition du

Il s'agissait pourtant de pourvoir d'une façon quelconque à l'administration de la ville. Le préfet, consulté à ce sujet, institua une nouvelle Commission, composée de tous les conseillers élus au mois d'août. En vérité, était-ce la peine de désorganiser les municipalités pour être, en fin de compte, obligé d'accepter le dernier arrêt rendu par le suffrage universel? La Commission, installée le 1er octobre, procéda immédiatement à l'élection d'un bureau formé d'un président et de deux vice-présidents. L'assemblée était disposée à conférer ces fonctions aux trois membres de la Commission provisoire, MM. Dumont, Sugot et Choron, qui venaient d'administrer la ville durant les huit derniers jours (23 septembre — 1er octobre), mais M. Sugot ayant déclaré que ses fonctions d'ingénieur en chef des ponts et chaussées étaient incompatibles avec celles de membre d'un bureau définitif, on procéda par un premier tour de scrutin à l'élection du président, et par un second tour à l'élection de deux vice-présidents. Ce double tour de scrutin donna le résultat suivant : *Président* : M. Henri Salleron, ancien premier adjoint; *vice-présidents* : MM. Choron et Dumont. Il fut décidé que chaque jour quatre membres de la Commission municipale s'adjoindraient, à tour de rôle, aux trois membres du bureau, pour les aider dans la tâche que les circonstances rendaient si lourde et si délicate.

Le zèle brouillon de la délégation de Tours ne se ralentissait pas. Le triumvirat Crémieux — Glais-

---

général Chanzy sur les opérations militaires, t. VI, p. 98 à 102. et celle du général d'Aurelle de Paladines, même tome, p. 86 à 97.

Bizoin — Fourrichon continuait à rendre décret sur décret pour mobiliser la garde nationale sédentaire et pour convoquer de nouveau les collèges électoraux, lesquels étaient appelés à élire, le 16 octobre, par scrutin de liste et au chef-lieu de canton, une Assemblée constituante composée de 753 membres. Notre département avait à nommer *onze* représentants. Depuis le 4 septembre, en moins de cinq semaines, la date des élections générales avait donc été changée trois fois. Se rendant compte de l'impression fâcheuse qu'une telle incohérence allait produire sur les esprits, M. de La Forge écrivait de Saint-Quentin au sous-préfet de Soissons, à la date du 2 octobre : « La « correspondance officielle de Tours m'annonce « que les élections à la Constituante auront lieu « le 16 octobre, *mais j'attendrai la réception du* « *décret avant de le porter à la connaissance des* « *populations un peu découragées des contre-ordres* « *du gouvernement* (1). » M. de La Forge avait eu là une inspiration heureuse ; sept jours plus tard, en effet, — le 9 octobre, — un décret du gouvernement de Paris annulait le décret de la délégation de Tours et maintenait l'ajournement des élections générales auxquelles on ne procéda définitivement que le 8 février 1871, c'est-à-dire à l'heure où l'épée de la France gisait en éclats aux pieds de l'Allemagne victorieuse.

Et cependant la convocation d'une assemblée souveraine, élue de la nation, ne s'imposait-elle pas, au lendemain du 4 septembre, comme un devoir inéluctable à la conscience de ceux

(1) Lettre de M. Anatole de La Forge, préfet de l'Aisne, à M. le Sous-Préfet de Soissons. Document inédit.

qui avaient assumé la terrible responsabilité
du pouvoir. Telle est la vraie doctrine de la
souveraineté nationale que M. Gambetta avait
éloquemment proclamée, en 1869, devant le Corps
législatif de l'Empire : « C'est le droit, disait-il
« alors, c'est le droit pour la nation d'avoir la
« direction et le dernier mot dans toutes les
« affaires qui l'intéressent. Si un homme quel-
« conque peut tenir en échec la volonté du peuple
« la souveraineté nationale est violée. Je suppose
« que le pays veuille la paix et que le pouvoir
« exécutif penche au contraire pour la guerre,
« il faut que le dernier mot soit, dans cette
« question, au pouvoir qui représente le pays,
« c'est-à-dire au pays lui-même, et il faut que
« sa volonté puisse se manifester directement,
« ouvertement.... Il faut qu'il ait le dernier mot,
« que tout s'incline devant sa volonté, autrement
« la souveraineté nationale n'existe pas, *et le*
« *peuple est joué* (1). »

(1) Discours de M. Léon Gambetta au Corps législatif,
5 avril 1869.

CHAPITRE III.

Opérations préliminaires de l'investissement : Arrivée de l'avant-
garde du corps de blocus ; le premier combat et la blessure
du major Denis ; l'assiégeant prend position au sud-est de
la place et s'y fortifie ; il construit un pont à Vénizel. —
L'investissement étendu vers l'ouest ; mesures de précaution.
— Le faubourg Saint-Crépin incendié par ordre du conseil
de défense ; protestation des habitants ; les sorties. — Le
général de Selchow chargé des opérations du siège ; son
arrivée devant Soissons ; effectif de ses troupes. — La rive
droite de l'Aisne occupée par l'assiégeant ; la route de Laon
interceptée. — Le village de Crouy doit être réduit en
cendres ; pourquoi il est épargné. — La destruction du pont
de Vailly et l'amende payée par les habitants de cette
ville (1).

Les opérations préliminaires du blocus s'ouvrirent le 24 septembre. La veille, sur l'ordre

(1) Pour tout ce qui a trait aux faits militaires, nous avons
contrôlé nos notes avec les ordres du jour de la place et le
rapport du lieutenant-colonel Carpentier au ministre de la
guerre. Nous avons également consulté avec fruit les ouvrages
publiés en Allemagne, notamment le travail rédigé par la section
historique du grand état-major prussien et celui du major
d'artillerie Gartner, dans lequel on peut suivre jour par jour les
opérations du siège. Comme ce dernier ouvrage n'a pas paru en
France, nous nous sommes servi de la traduction originale de
M. Louis Fossé d'Arcosse. Nous avons fait don du manuscrit à
la Bibliothèque de Soissons (collection Perin).
Afin de rendre le récit aussi rapide que possible, nous nous
sommes imposé la règle de n'admettre dans notre cadre que les
faits qui se rattachent directement au siège et à la défense de la
place, en négligeant les épisodes. Nous ne relaterons qu'un coup

4

du grand-duc de Mecklembourg, « gouverneur
« général des départements occupés au sud de
« la Lorraine, avec Reims comme siège »,
trois faibles bataillons de landwehr, un escadron,
une batterie de réserve et une compagnie de
pionniers (lieutenant-colonel de Stülpnagel (1),
avaient quitté Reims pour marcher sur Soissons.
Ces troupes se cantonnèrent le premier jour
à Fismes et à Bazoches ; le lendemain 24,
elles arrivaient à Billy, vers une heure de
l'après-midi. Pendant la distribution des billets
de logement, un bataillon précédé d'un certain
nombre de cavaliers s'avança vers Soissons
par la route nationale pour opérer, du côté de
Villeneuve, à une reconnaissance des fortifications.
Tout à coup un adjudant rentre à Billy et ordonne,
de la part du lieutenant-colonel de Stülpnagel,
d'accourir au pas de course, renforcer le bataillon
« que les troupes de la garnison attaquent ».
L'assertion n'était pas précisément exacte et
voici la vérité : Depuis le matin, 22 artilleurs de
la compagnie des volontaires soissonnais et une
quinzaine de gardes mobiles faisaient, comme
les jours précédents, des percées de tir sur la
butte de Villeneuve et ramassaient des bran-
chages pour en confectionner des fascines et

---

de main hardi exécuté le 23 septembre par 35 volontaires de la
garde nationale, à Beugneux, où 15 soldats allemands, sous les
ordres d'un officier, gardaient une ambulance de chevaux.
Nos volontaires surprirent l'ennemi durant la nuit, tuèrent
à la baïonnette l'officier qui avait voulu se défendre ainsi
que 2 soldats et ramenèrent à Soissons 13 prisonniers dont
3 mortellement blessés et une cinquantaine de chevaux. (Pièce
annexée, n° 3.)

(1) C'est cet officier qui fut nommé commandant de Soissons,
après la reddition de la place.

des gabions lorsqu'un habitant de Vénizel vint les informer de l'apparition des « Prussiens ». Artilleurs et mobiles s'empressent de prendre position au delà du passage à niveau du chemin de fer et dissimulent des sentinelles derrière les arbres et les talus de la route de Reims. Des cavaliers ennemis ne tardent pas à déboucher de La Chaumière. Nos sentinelles font feu, les cavaliers tournent bride, mais les troupes allemandes entrent en ligne « sous une grêle de balles (1) » et ripostent.

En dépit de leur infériorité numérique, nos hommes, déployés en tirailleurs, combattaient vaillamment. Ce n'est qu'après deux tentatives infructueuses que l'ennemi put s'emparer de la butte de Villeneuve et de la voie ferrée. Il gagne du terrain, se répand des deux côtés de la chaussée et menace d'envelopper les artilleurs et les mobiles qui se replient sur la Fabrique de Milempart et le faubourg Saint-Crépin, en attendant le secours qu'ils avaient réclamé de la place. Vers trois heures, les Soissonnais veulent reprendre l'offensive, soutenus par deux compagnies du 15ᵉ de ligne, que commande le major Denis, et une compagnie de gardes mobiles. Le major Denis se porte hardiment en avant, mais il tombe la jambe fracassée et ne doit son salut qu'au courageux dévouement de son frère, lieutenant de la garde nationale, qui l'enlève avec l'aide de quelques soldats. Fatalité cruelle ! Une des premières balles de l'ennemi, en frappant le chef du 15ᵐᵉ, allait réduire à l'impuissance l'un de nos officiers les plus énergiques.

(1) Gartner, *Siège de Soissons.*

A cinq heures, on battait en retraite, vivement pressé par l'ennemi qui eut 2 morts (un sergent-major et un porte-drapeau), 15 blessés, 2 chevaux tués et un blessé. Le lieutenant-colonel de Stülpnagel avait été lui-même légèrement atteint. De notre côté, nous avions 16 hommes disparus ou faits prisonniers et 8 blessés.

A la suite de ce premier engagement, l'ennemi fixe la position de ses grand'gardes; il occupe, avec un bataillon, le plateau de Sainte-Geneviève et les autres troupes se cantonnent à Billy et à Vénizel, tandis que ses pionniers disposent des abris pour une ligne d'avant-postes, entre l'Aisne et la Crise, et qu'ils exécutent divers travaux de défense que notre artillerie cherche à entraver par une pluie d'obus (1).

Les jours suivants, le cordon d'investissement s'étend vers l'ouest, sur la rive gauche de la Crise; toutefois, l'assiégeant procédait avec une prudente lenteur. « La faiblesse du corps d'inves-« tissement faisait une nécessité de retrancher « solidement le terrain occupé par les avant-postes. « La compagnie de pionniers construisit donc, « notamment au nord de Vauxbuin, un système « très complet de tranchées-abris et organisa « défensivement les fermes situées en avant... « Elle se met en mesure de jeter un pont de « radeaux sur l'Aisne, près de Vénizel, à côté du « bac démoli que l'on avait retrouvé et remis en « état (2). » L'artillerie de la place ne cesse de

(1) Pièce annexée, n° 4.
(2) *Opérations du corps du génie allemand.* — Le 28 septembre, l'assiégeant avait réussi à relier les deux rives de l'Aisne, alors assez forte. Le même jour, il remit en service le pont de Missy que le génie militaire français avait fait sauter

tonner. Elle crible de projectiles la butte de
Villeneuve, sur laquelle l'ennemi a établi un poste
permanent d'observation, et la montagne de
Sainte-Geneviève, où il travaille à la construction
d'une batterie légère. C'est un vacarme sans trêve
qu'augmentent l'ébranlement des vitres et les
cris plaintifs des bestiaux parqués en ville. Les
Allemands sont pleins d'audace. Ils ont voulu
détruire, durant la nuit, à quelques centaines de
mètres de l'enceinte, le barrage placé sur la Crise
par le génie militaire pour étendre l'inondation ;
ils tirent sur les ouvriers qui réparent le dégât ;
ils s'approchent même des remparts, à l'abri des
maisons du faubourg Saint-Crépin, et leurs balles
sifflent aux oreilles de nos artilleurs. On tente
une sortie pour les repousser (26 septembre). A
quatre heures, les bastions du front sud ouvrent
un feu très vif sur toute l'étendue de terrain
comprise entre Villeneuve et Belleu. Vigoureusement canonné, l'ennemi va s'abriter derrière les
talus du chemin qui relie la route de Reims à la
gare et se fait également un rempart de monceaux
de briques qui se dressent en deçà de la halle

(p. 18) ; le lieutenant-colonel de Noüe détruisit de nouveau ce
pont le 30, à deux heures et demie du matin. « Il ne restait
« donc plus qu'à accélérer autant que possible la construction
« du pont de radeaux de Vénizel ; on parvint le 3 octobre à
« terminer ce pont, qui n'était qu'une simple passerelle d'environ
« 80 mètres de long sur 2 mètres 25 de large, supporté par
« huit grands radeaux. Toutefois on ne put le maintenir en
« service que pendant quelques jours, car ces radeaux, construits
« avec des arbres fraîchement abattus, étaient trop lourds pour
« porter de grandes charges. » (Opérations du corps du génie
allemand.) — A partir du 7 octobre, un fil télégraphique relia
directement Vénizel à Reims, siège du gouvernement du grand-
duc de Mecklembourg, chargé de la direction supérieure du
siège de Soissons.

aux marchandises. 200 soldats du 15ᵉ de ligne, appuyés sur leur droite par 100 gardes mobiles du 2ᵉ bataillon, cherchent en vain à le déloger et rentrent après une fusillade de plusieurs heures. Nous comptons 2 blessés et 2 morts ; l'assiégeant a, de son côté, 3 officiers, 5 soldats et 2 chevaux blessés. Le lendemain matin, à cinq heures, nos ambulanciers, précédés du drapeau blanc à croix rouge de la convention de Genève, se dirigent vers la gare d'où partent des coups de feu qui les obligent à gagner le faubourg Saint-Crépin. Là, ils trouvent, étendus sur le sol, le cadavre d'un soldat du 15ᵉ de ligne horriblement mutilé et celui d'un mobile du 6ᵉ bataillon, lardé de coups de baïonnette. Un commerçant du quartier, qui n'avait pas quitté sa demeure, malgré la gravité des circonstances, leur raconte que le soir des « Prussiens » sont venus achever ces malheureux [1].

N'ayant pu faire reculer les avant-postes de l'assiégeant, le conseil de défense ordonne l'incendie immédiat du faubourg Saint-Crépin qui lui sert d'embuscade (27 septembre). Vers trois heures de l'après-midi, des hommes de bonne volonté sortent de la place, munis de paille et d'essence de pétrole. On débusque l'ennemi des maisons qu'il occupe, avec une compagnie du 15ᵉ de ligne, pour que les incendiaires puissent accomplir leur œuvre. Les flammes se développent rapidement et jaillissent en gerbes lumineuses vers le ciel qu'elles colorent au crépuscule de sinistres lueurs. L'extrémité du faubourg échappe au feu par la résistance obstinée d'un vieillard

---

(1) Pièce annexée, nᵒ 5.

qui, une hache à la main sur le seuil de sa porte,
menace de fendre la tête au premier qui s'avancera.
Durant toute la nuit, on contemple du haut des
remparts ce formidable incendie sur les foyers
duquel le canon de la place fait pleuvoir des
projectiles qui ajoutent, par leurs détonations et
les écroulements qu'ils produisent, à l'horreur de
ce tableau de désolation que reflète le vaste
miroir de l'Aisne débordée. Le 28, on ravive
l'incendie, en employant les mêmes moyens que
la veille. 150 gardes mobiles du 2e bataillon
(capitaine Roussel) rejettent les Allemands au
delà de la Sucrerie de Milempart et le passage à
niveau de la ligne de Reims, pendant que la
5e compagnie du même bataillon (capitaine de
Commines) et une compagnie du 15e de ligne
(capitaine Pillart) opèrent sur la droite, avec la
mission d'enlever la gare. Mais l'ennemi, invisible
et nombreux, caché derrière ses tranchées, ouvre
sur nos troupes un feu soutenu et conserve ses
positions. Nous comptons 4 morts et 6 blessés
parmi lesquels un garde national (Leriche, ancien
chapelier), qui prenait part à toutes les sorties. Il
mourut à l'Hôtel-Dieu, en se précipitant de son
lit, dans un accès de fièvre chaude. Une pauvre
femme, qui voulait arracher aux flammes quelques
épaves de son mobilier, s'étant aventurée dans le
faubourg, fut frappée d'une balle en pleine
poitrine ; elle tomba morte sur place, laissant à
ses côtés deux orphelins qu'un garde mobile
conduisit au bureau de police (1).

L'incendie du faubourg Saint-Crépin, allumé

(1) Pièce annexée, n° 6.

sans avertissement préalable, avait profondément
irrité les habitants de ce quartier, dont la plupart
s'étaient réfugiés en toute hâte en ville dans les
premiers jours de septembre, — après le désastre
de Sedan, — sans avoir pu enlever leur mobilier.
Ils se rendent à l'Hôtel de Ville et expriment
leurs doléances aux membres de la Commission
municipale provisoire (29 septembre). Se faisant
l'interprète de ces plaintes, la Commission adresse
une lettre au commandant de place et le prie
« de vouloir bien, si de pareilles opérations
« devaient recommencer, la mettre à même de
« prévenir les propriétaires des maisons et des
« bâtiments qui devront en être l'objet assez à
« temps pour qu'ils puissent par avance retirer
« tous les effets qui s'y trouveraient. Ce serait
« autant de sauvé pour eux ; ce serait diminuer
« dans la mesure du possible les sacrifices
« qu'impose à notre ville le besoin de la défense
des places..... » Le lieutenant-colonel de Nouë
répond « qu'il est dans la nécessité de faire
« disparaître ces obstacles dangereux par tous les
« moyens possibles, et il invite ceux des habitants
« des faubourgs qui n'ont pas effectué leur
« déménagement à le faire sans retard et à ne pas
« attendre que l'ennemi ait pris possession de
« leurs habitations (1). » On continue à livrer aux
flammes le faubourg Saint-Crépin, et l'autorité
militaire décide, en outre, l'incendie et la destruction d'une partie de Saint-Médard. A la nouvelle
que le magnifique Institut des sourds-muets va
être sacrifié, l'évêque de Soissons, Mgr Dours, fait

(1) Archives de la Mairie de Soissons.

une démarche personnelle auprès du commandant
de place et obtient de lui la conservation de
cet Etablissement, où l'on installe deux compagnies
de gardes mobiles avec un obusier.

Le général de Selchow, auquel était confiée la
direction du siège, arriva devant Soissons le
1er octobre avec son état-major et le gros de
ses troupes dont l'effectif atteignit, dans le cours
de la semaine suivante, — en y comprenant le
détachement d'avant-garde venu de Reims le
24 septembre, sous les ordres du lieutenant-colonel
de Stülpnagel, — un total de 8 bataillons de
landwehr, 4 escadrons, 2 batteries, 2 compagnies
de pionniers et 4 compagnies d'artillerie de
forteresse (1). Le général choisit comme quartier
général la vaste ferme de La Carrière-l'Evêque et
s'occupa de rendre le blocus plus rigoureux.
Jusqu'à ce jour, l'assiégeant n'avait cerné Soissons
que par la rive gauche de l'Aisne, depuis le
pont de Villeneuve jusqu'à Vauxbuin. Il avait
voulu étendre le blocus du côté de l'ouest, mais
ses soldats, débusqués par une compagnie de
gardes mobiles des abords du cimetière et de la
ferme dite la *Maison-Rouge*, s'étaient enfuis avec
précipitation et repliés sur Vauxbuin en abandon-
nant des sacs, des manteaux et des armes. Aussi
avions-nous pu évacuer sur Compiègne cinquante
blessés et convalescents, pour les soustraire aux
atteintes de la petite vérole qui s'était déclarée
le 29 septembre dans les hôpitaux avec tous les
caractères d'une épidémie.

(1) *La Guerre de 1870*, par le maréchal H. de Moltke, 1891. —
Les 4 compagnies d'artillerie de place qui devaient procéder au
bombardement n'arrivèrent devant Soissons que le 11 octobre
au soir.

Le 2 octobre, le général de Selchow donne l'ordre à 2 compagnies de landwehr et à un escadron de grosse cavalerie de gagner la rive droite de l'Aisne et de barrer les routes de Laon et de Chauny qui nous restaient ouvertes au nord du faubourg Saint-Vaast. Ces troupes devaient appuyer leur aile gauche sur l'arc de cercle accentué que décrit la rivière en deçà de Crouy et étendre leur aile droite jusqu'à la Verrerie de Vauxrot et Bois-Roger ; en outre, la commune de Crouy devait être traitée « *aussi durement que possible* », la municipalité emprisonnée et les maisons du village détruites, parce que les habitants étaient accusés d'avoir tiré, le 24 septembre, sur les troupes royales de Saxe. Une reconnaissance du terrain ayant fait reconnaître au commandant du détachement l'impossibilité de prendre une position aussi étendue, il plaça au centre, près du viaduc de la ligne de Laon, deux pelotons d'infanterie couverts par le remblai, plus trente hommes dans une maison à droite de la chaussée, avec leurs avant-postes à un kilomètre et demi du glacis ; sur le flanc gauche, un peloton d'infanterie, dans un bois à cinq cents pas du centre ; sur le flanc droit, à Clémencin, un peloton et demi s'appuyant à droite aux dépendances du Pressoir-Chevalier et à gauche au remblai du chemin de fer ; le reste de l'infanterie s'établit en arrière dans le village de Crouy, et l'escadron de grosse cavalerie près de la ferme de La Perrière (1). La route de Laon fut ainsi interceptée, mais celle de Chauny restait encore libre.

(1) Gartner, *Siège de Soissons*.

Au moment où la place venait d'être ainsi bloquée au nord-est le lieutenant-colonel de Nouë était secrètement informé qu'un convoi de vivres très considérable se dirigeait sur Soissons par la route de Chauny et que le 3 octobre, à deux heures de l'après-midi, il stationnerait devant la fabrique de sucre de Terny. Pour assurer l'entrée de ces vivres, le lieutenant-colonel Carpentier sort avec 6 compagnies de gardes mobiles et 3 compagnies du 15e de ligne, formant un effectif de 1,200 hommes. Ces troupes étendent leur ligne de la rivière à la route de Laon, et les soldats du 15e, s'élançant moitié par Saint-Paul, moitié par la plaine de Vauxrot, enlèvent avec entrain le remblai du chemin de fer, culbutent les Allemands et les poursuivent jusque dans Crouy. L'ennemi traverse le village sans essayer de s'y défendre et bat en retraite jusqu'à Vregny. Pendant ce temps-là, le gros de la troupe gravissait la côte de Vauxrot ; et le lieutenant-colonel Carpentier en détache une compagnie qui se porte au-devant du convoi qu'elle rencontre à l'endroit désigné. Des pelotons de cavalerie se montrent sur les hauteurs voisines, mais l'ennemi ne tente aucun retour offensif, et bientôt les dix-huit voitures du convoi gagnent la place, sous bonne escorte.

Dans cette expédition, bien conçue et vaillamment conduite, on fit cinq prisonniers. Le 15me de ligne eut un homme tué et cinq blessés. Le soldat tué était un jeune adolescent qui, ayant obtenu le matin une dispense de service, avait voulu néanmoins prendre part à la sortie. Que d'existences ainsi sacrifiées, noblement et simplement, pour la grande cause du

pays (1)! De leur côté, les Allemands comptèrent
six hommes disparus et neuf blessés, dont trois
grièvement. Le lendemain, ils reprenaient leurs
positions en face de Crouy et occupaient la ferme
de La Perrière qui fut crénelée et barricadée.
Ajoutons que la « réduction en cendres de Crouy »
fut ajournée, puis définitivement abandonnée,
l'ennemi trouvant utile de conserver ce village
qui pouvait par la suite lui servir de gîte d'étape (2).

Quand le lieutenant-colonel de Nouë eut acquis
la certitude, — par des rapports fidèles, — que
Vailly et ses environs étaient purgés de la
présence des Allemands, il résolut de détruire le
pont de cette ville et confia ce soin au courage de
quatre volontaires et du vieux zouave Guilbaut
qui sortirent de Soissons habillés en campagnards,
avec une bonne provision de poudre placée dans
une charrette que l'on avait recouverte de fumier (3).
Ils déjouèrent la vigilance de l'assiégeant établi
sur la rive droite de l'Aisne et purent remplir leur
mission (4 octobre). Mais ce fait de guerre allait
avoir d'étranges conséquences. Le lendemain
matin, un bataillon de troupes allemandes,
voulant traverser la rivière à Vailly, fut stupéfait de
voir le pont rompu ; l'officier qui le commandait

---

(1) Pièce annexée, n° 7. — Le général de Selchow, avisé de la
sortie du lieutenant-colonel Carpentier, faisait partir à trois
heures et demie de Vénizel une compagnie de renfort qui
s'avança rapidement en laissant Bucy-le-Long sur sa droite ;
mais par suite de l'inondation produite par le débordement de
l'Aisne, la route se trouvait considérablement allongée, de sorte
que cette compagnie ne put joindre nos troupes qui, pendant
ce temps, rentraient dans la place. (Gartner, *Siège de Soissons.*)

(2) Gartner, *Siège de Soissons.*

(3) Les ponts de Vic-sur-Aisne et de Fontenoy avaient été
détruits le 18 septembre, après le passage des troupes allemandes.

s'en plaignit avec colère et rebroussa chemin, en proférant des menaces qu'il ne tarda pas à mettre à exécution. En effet, durant la nuit du 6 au 7, un détachement de 30 à 40 cavaliers entrait dans Vailly, sous les ordres de cet officier qui, le pistolet au poing, procéda « au nom du roi de Prusse » à la double arrestation du maire, M. Menessier et du conseiller général du canton, M. Legry. Ces deux citoyens étaient accusés « d'avoir fait sauter le pont, acte criminel prévu « et puni par le 4e paragraphe de l'ordonnance « royale du 21 juillet 1867 et par le rescrit du « paragraphe 18 du code pénal militaire », et ils « devaient s'en expliquer avec le général ». Sans savoir où on les conduisait, MM. Menessier et Legry montèrent dans un cabriolet qui fut mis sous la garde de plusieurs cavaliers. Par crainte que les prisonniers ne songeassent à s'échapper, l'un des hommes de l'escorte tenait en laisse le cheval de la voiture.

A la pointe du jour, on s'arrêta devant la ferme de La Carrière-l'Evêque qui marquait le terme de ce pénible voyage. C'est là, — on l'a vu plus haut, — que le général de Selchow avait établi son quartier général. Après avoir mis pied à terre, les deux otages, enfermés dans une mansarde, durent y attendre debout, tremblant de froid et brisés de fatigue, le réveil du général. Celui-ci savait recouvrir de formes légales les abus de la force, aussi est-ce devant un conseil de guerre, réuni dans la grande salle à manger de la ferme, que comparurent les deux accusés. Pris au piège d'une pareille mise en scène, M. Menessier pensait qu'une simple explication allait dissiper tout

malentendu, puisqu'il avait en poche l'original de
l'ordre du lieutenant-colonel de Noüe prescrivant
la destruction du pont, et dont voici le texte :
« Par ordre du commandant supérieur, le pont de
« Vailly doit être détruit. — Le gardien du pont,
« sous peine de trahison, devra laisser exécuter
« l'ordre. S'il en prévient l'ennemi, il sera traduit
« en conseil de guerre et fusillé. — Soissons, le
« 4 octobre 1870. — Signé : DE NOUE. » Persuadé
que la meilleure réponse à faire aux premières
questions de son interrogatoire était de placer cet
écrit sous les yeux du conseil, M. Menessier le
remit au général qui, après l'avoir parcouru d'un
air distrait, rendit, séance tenante, la sentence
suivante : « La ville de Vailly paiera 20,000 francs,
« à titre d'amende, pour l'acte d'hostilité commis
« sur son territoire. Un des deux prisonniers va
« se rendre à Vailly chercher la somme, l'autre
« restera jusqu'à son retour qui devra avoir lieu
« aujourd'hui même. » MM. Legry et Menessier se
récrient sur l'énormité de l'amende et s'attachent
à convaincre leurs juges que la destruction du
pont est un fait de guerre régulier, ordonné à
leur insu par un officier français, investi de
pouvoirs légaux ; ils montrent enfin l'impossibilité
matérielle de réunir une somme de 20,000 francs
dans un délai aussi bref que celui qui leur est
accordé. Coupant court à toute explication, le
général, prenant la parole, déclare aux prisonniers
que « s'il leur est si difficile de trouver de
« l'argent, il se chargera d'aller le chercher le
« lendemain chez les habitants ». Il fallut se
résigner. M. Menessier resta comme otage à
la ferme pendant que M. Legry, muni d'un

sauf - conduit, retournait en toute hâte à Vailly,
en traversant l'Aisne à Vénizel sur le pont de
bateaux établi en cet endroit par les Allemands.

Depuis le départ de MM. Menessier et Legry,
les habitants de Vailly étaient en proie à une
émotion inexprimable; ils croyaient leurs concitoyens fusillés; quand ils apprirent que tout se
réduisait au paiement d'une amende, ils n'eurent
qu'une seule et même pensée : trouver au plus
vite le prix de la rançon de M. Menessier. Le
Conseil municipal, convoqué d'urgence, fit un
appel immédiat à la générosité des habitants, afin
de procurer à la ville les ressources nécessaires.
En deux heures, on réunit quinze mille francs;
et M. Legry, espérant que cette somme serait
suffisante pour satisfaire la rapacité de l'ennemi,
se décida, sans plus tarder, à reprendre le chemin
de La Carrière-l'Evêque. Le baron de Wimpffen,
secrétaire d'ambassade à Berlin lors de la déclaration de guerre, et propriétaire à Rouge-Maison,
avait accepté, avec un courageux empressement,
d'accompagner M. Legry, dans la pensée que
sa connaissance de la langue allemande et son
caractère de diplomate pourraient exercer une
heureuse influence sur le dénouement de l'affaire.

Les deux voyageurs arrivèrent à la ferme de
La Carrière-l'Evêque à onze heures du soir. Ils
furent introduits tout de suite auprès du général
qui veillait encore, attendant probablement son
argent. Après quelques phrases échangées en
allemand avec M. de Wimpffen, il consentit à
n'accepter que 14,500 francs; mais il fallut plus de
deux heures pour compter les espèces. Les pièces
étaient minutieusement examinées et retournées,

une à une ; on les faisait résonner sur la table, et
ce n'est qu'après avoir subi ce sévère contrôle
qu'elles étaient admises en compte. On en refusa
un certain nombre comme suspectes, *notamment
une vingtaine de pièces allemandes*, puis il fut.
délivré à MM. Legry et de Wimpffen une quittance
en règle (1). Après l'encaissement des espèces,
— il était une heure du matin, — un officier offrit
aux deux otages et à leur compagnon de la paille
pour se coucher. Il les conduisit lui-même dans
un dortoir commun, en riant bruyamment de les
voir gravir l'escalier, emportant, comme il disait,
« *chacun sa botte* ». Aux premières clartés du jour,
MM. Menessier et Legry, rendus à la liberté,
retournèrent, avec le baron de Wimpffen, à
Vailly, où ils furent reçus avec des témoignages
de sympathie qui les consolèrent des tortures
morales qu'ils venaient de subir (2).

(1) Pièce annexée, n° 8.
(2) Archives de la Mairie de Vailly et registre des délibérations
du Conseil municipal. Après la reddition de Soissons, la municipalité de Vailly adressa une demande en restitution de
l'amende au gouvernement général de Reims, par l'intermédiaire
du sous-préfet allemand, M. de Parseval ; cette demande fut
rejetée. On la renouvela sans succès, en l'envoyant directement
au roi de Prusse, à Versailles ; plus tard enfin, la paix étant
signée, une troisième tentative fut faite par l'entremise de notre
commissaire général, le comte de Saint-Vallier, près du général
de Manteuffel, qui répondit que le règlement de cette affaire
dépendait du ministère de la guerre. Le maire de Vailly,
M. Legry, écrivit donc au général de Roon qui coupa court à
toute nouvelle réclamation en déclarant « que pour le rembour-
« sement de l'amende, la ville devait s'adresser au gouvernement
« français, attendu que la rupture du pont avait été ordonnée
« par le commandant de la place de Soissons, seule cause de
« l'amende infligée à la ville de Vailly. » Quels logiciens subtils
que ces Allemands !

CHAPITRE IV.

Avant de placer sous les yeux du lecteur le
dernier chapitre de cet opuscule, qui contiendra
une description des fortifications de Soissons,
l'exposé du plan d'attaque de l'assiégeant et le
récit détaillé du bombardement, nous devons
achever la narration des faits qui se rattachent
au blocus.

Le 5 octobre, l'autorité militaire entreprend
la transformation, en canonnière blindée, d'un
petit aviso à vapeur, — la *Gazelle*, — amarré dans
le port. On voulait faire remonter à cet aviso le
cours de la rivière jusqu'à Vénizel pour détruire

le pont que les Allemands y avaient construit.
Bien des obstacles rendaient ce projet irréali-
sable ; le plus sérieux de tous était le barrage
militaire établi en avant du pont, qui n'eût pas
permis à la *Gazelle* de gagner par eau l'amont de
la rivière. Il fallait donc l'attirer sur la berge, la
remettre ensuite à flot dans le fossé des bastions
près de la porte de Laon, puis l'armer de pièces
de 4 et lui laisser courir les hasards périlleux
d'une navigation que le débordement des eaux
semait d'écueils, car le lit de l'Aisne était devenu
invisible, même aux yeux des pilotes. On tenta
néanmoins l'aventure, mais sans succès. Après
d'infructueux efforts et d'inutiles dépenses, le
projet fut abandonné.

Le 6, le commandant d'Auvigny se porte à la
rencontre d'un troupeau de 200 bœufs jusqu'au
village de Cuffies, avec la 2ᵉ compagnie du
2ᵉ bataillon de la garde mobile (capitaine Roussel).
Pendant que les bœufs gagnent Soissons sous
bonne escorte, le reste de la compagnie poursuit
sa route pour ramener un convoi de poudre
attendu de La Fère. Les mobiles prennent
position au sommet de la côte, en se dissimulant
des deux côtés d'un chemin creux, et ne tardent
pas à apercevoir une vingtaine de lanciers blancs
qui se dirigent vers eux, sans soupçonner leur
présence. Les mobiles tuent l'un de ces cavaliers,
en blessent un second et mettent les autres en
fuite. Un lieutenant de la compagnie, supposant
que l'ennemi va revenir en nombre, accourt à
Soissons au galop de son cheval et réclame du
secours. Le bruit se propage aussitôt que nos
hommes sont cernés par des forces supérieures.

Une foule anxieuse se masse devant la caserne
pour assister au départ du renfort, qui était
heureusement inutile. A huit heures du soir, le
retour des mobiles calme l'anxiété publique. Le
commandant d'Auvigny ne rentre pas dans la
place; chargé d'une mission particulière par le
conseil de défense, il doit se rendre à La Fère et
à Saint-Quentin « pour conclure un marché de
« chaussures et de chemises et activer l'envoi
« d'un convoi de poudre et de munitions qui
« était vainement réclamé par le commandant
« d'artillerie (1). »

Nous arrivons aux derniers jours de l'investissement. La grande voix de nos canons continue
à jeter ses notes lugubres dans l'espace; nos
artilleurs sont infatigables; leurs obus fouillent
tous les coins de l'horizon (2); quant à la garnison,
elle reste à peu près inactive; on ne tente aucune
sortie sérieuse; au surplus, le dénuement lamentable où se trouvent plongés la plupart des gardes
mobiles affecte profondément le moral des troupes.
C'est en vain que le lieutenant-colonel de Noüe
cherche à se procurer des chemises, des souliers
et des vêtements, en faisant appel à la générosité

---

(1) *Argus soissonnais* des 7 et 22 septembre 1872. Lettres de
M. d'Auvigny. — Le convoi de poudre attendu de La Fère
pénétra quelques heures plus tard dans la place ; il se composait
de 85 tonneaux chargés sur des camions qui échappèrent à la
vigilance de l'ennemi, grâce à d'habiles et courageux éclaireurs
volontaires.

(2) Gartner, *Siège de Soissons :* « Les communications avec
« les avant-postes ne sont à peu près possibles que sous le
« couvert de l'obscurité, attendu que l'apparition de quelques
« hommes suffit pour provoquer de la part de l'assiégé
« une canonnade violente. » — Le nombre des projectiles
que l'artillerie de la place a lancés pendant les opérations de
l'investissement s'est élevé au chiffre de 2,500.

privée. L'envoi de quelques dons ne peut suffire à
tous les besoins. La situation s'aggrave chaque
jour davantage. Bientôt aussi l'argent va manquer
et la solde de la garnison ne sera plus assurée. Le
sous-préfet, M. d'Artigues, se rend à Saint-Quentin
pour obtenir du trésorier-payeur général une
somme de 250,000 fr., mais sa démarche n'aboutit
pas ; il revient sans argent (7 octobre) et fait ses
préparatifs de départ. Le lendemain, il quitte
Soissons, laissant sur son bureau cette lettre à
l'adresse de M. Emile Deviolaine, membre du
Conseil d'arrondissement : « Une circonstance tout
« à fait imprévue m'oblige à partir immédiate-
« ment. Je viens vous prier de vouloir bien me
« remplacer provisoirement par délégation dans
« les fonctions de sous-préfet. J'informe M. le
« Préfet de cette délégation (1). » Mais M. Emile
Deviolaine, en sa double qualité de maire de
Cuffies et de co-propriétaire de la Verrerie de
Vauxrot, avait à lutter, quelques heures plus tard,
contre les exigences de l'ennemi qui envahissait
la commune et l'usine ; il ne put suppléer
M. d'Artigues, et la sous-préfecture resta vacante
jusqu'au jour, hélas ! bien proche où un fonctionnaire allemand vint en prendre possession.

L'échec essuyé par M. d'Artigues détermine le
lieutenant-colonel de Noüe et la municipalité à
tenter une nouvelle démarche près du Préfet.
Le conservateur des hypothèques et le capitaine
Hugues, du 2ᵐᵉ bataillon de la garde mobile,
partent pour Saint-Quentin, munis d'une lettre du
commandant de place à M. de La Forge et d'une

_____

(1) Pièce annexée, nᵒ 9.

autre des membres de la Commission municipale,
dont voici la teneur : « *7 octobre*. — Nous venons
« de voir M. le Sous - Préfet à son retour de
« Saint-Quentin, et nous apprenons de lui avec
« chagrin qu'il n'a pu rapporter les 250,000 francs
« qu'il demandait et qui sont nécessaires ici pour
« le mois courant. M. le commandant de place
« doit vous écrire pour vous exposer combien
« il est indispensable et urgent que cette somme
« parvienne dans le plus bref délai. Nous croyons
« devoir nous joindre à lui et insister nous-
« mêmes près de vous pour l'envoi immédiat des
« fonds qui vous sont demandés. Leur défaut ne
« manquerait pas de désorganiser tous les services
« et peut compromettre le plus gravement la
« défense de notre ville. Nos concitoyens sont
« résignés à tous les sacrifices, mais pour que
« ces sacrifices soient efficaces, il faut que les
« troupes et tous ceux qui demeurent avec elles
« dans la résistance à l'ennemi soient soutenus ;
« il faut que les dépenses journalières qu'exige
« cette résistance soient payées. Nous vous
« conjurons donc de faire donner la plus grande
« satisfaction à la demande de M. le commandant
« de place et de rendre ainsi possible la défense
« de Soissons à laquelle le gouvernement attache
« bien certainement de l'importance (1) ». Nos
envoyés arrivèrent à Saint-Quentin à l'heure où
la population en armes se disposait à repousser
la première attaque de l'ennemi. Ils ne peuvent
échanger que quelques mots avec le Préfet sur
la barricade qu'il s'apprêtait à défendre, et ils

---

(1) Archives de la Mairie de Soissons.

apprennent que le trésorier-payeur général a gagné le Nord en enlevant la caisse. Cette nouvelle tentative échoua donc comme la première. Le Conseil de défense décide alors que le lieutenant-colonel Carpentier se rendra immédiatement à Lille, — siège de la troisième division militaire à laquelle la place était rattachée, — pour solliciter du général Espivent l'envoi d'un renfort de troupes ainsi que la remise de vêtements et d'une somme de 250,000 francs réclamée deux fois et nécessaire à la solde de la garnison. Le lieutenant-colonel Carpentier, accompagné du sous-lieutenant Mauroy, quitte Soissons dans la soirée du 8. Cruelle coïncidence! Quelques heures plus tard, la place était complètement bloquée !

Depuis plusieurs jours, on cherchait à éloigner les prisonniers faits dans les diverses sorties et les traînards ramassés aux alentours de Soissons. Durant la nuit du 8 au 9, ces hommes, au nombre de cinquante-trois, quittent la ville, sous une forte escorte du 15ᵉ de ligne, par la porte de Laon. Mais près du village de Terny, nos soldats rencontrent l'ennemi qui leur barre le passage ; on échange des coups de fusil ; l'un des nôtres tombe mortellement frappé, et le détachement rentre avec les prisonniers. Quelques heures auparavant, un autre détachement, composé de gardes mobiles, de soldats du 15ᵉ de ligne et de volontaires, en tout 150 hommes, était sorti pour surprendre l'assiégeant à Mercin, le déloger, faire un énergique appel au patriotisme des habitants, marcher ensuite sur Vauxbuin, et opérer de la même manière. Sans vouloir discuter la valeur de ce plan, nous dirons que la faiblesse numérique

de la petite troupe chargée de son exécution en
rendait le succès impossible. L'événement le
prouva. Parvenus au pied de la montagne de
Presles, nos hommes saisissent une sentinelle
avancée qu'ils menacent de mort si un seul mot
s'échappe de ses lèvres. Sans hésiter, le soldat
allemand pousse un cri d'alarme qui donne l'éveil
au poste placé derrière la ferme. La guerre a des
rigueurs inexorables : un coup de feu étendit
sur le sol le soldat allemand qui paya de sa vie
son acte de courage. C'est pour un pareil trait
d'héroïsme que le chevalier d'Assas était autrefois
tombé sous les balles prussiennes. Au bruit du
coup de fusil, le poste fait une décharge qui met
le désordre dans les rangs du détachement. Un
de nos volontaires tombe mortellement atteint
et l'on bat en retraite.

Sur ces entrefaites, le général de Selchow
avait reçu le complément de ses troupes dont
l'effectif, en infanterie, s'élevait à 4,000 hommes
(8 octobre). Il s'empressa de fermer le dernier
débouché qui nous restait ouvert au nord et il
répartit le corps de blocus de la manière suivante,
en trois divisions distinctes : sur la rive gauche
de l'Aisne, de Vénizel à la Crise, trois bataillons
et une batterie légère à Bellevue et à Sainte-
Geneviève, sous les ordres du lieutenant-colonel
de Stülpnagel, à Billy ; — de la rive gauche de
la Crise jusqu'à l'Aisne, trois bataillons et deux
escadrons, sous les ordres du colonel de Krohn,
à Vauxbuin ; — sur la rive droite de l'Aisne, un
bataillon et un escadron, renforcés de plusieurs
canons, à La Perrière (major de Müller), qui prirent
les positions que nous avons précédemment

indiquées (1), et qui interceptèrent la route de Chauny par une barricade. La ligne des avant-postes de la rive gauche partait du pont du chemin de fer, auprès de Villeneuve, longeait d'abord la voie ferrée, passait ensuite par les fermes de la Buerie, de Presles, de Maupas, et s'arrêtait à la *Maison-Rouge*, sur la route de Compiègne ; il ne s'agissait plus, pour l'assiégeant, que d'établir une communication entre les deux rives de l'Aisne à l'ouest de la place, par la construction d'un pont à Pommiers. Dans l'après-midi du 8 octobre, quelques soldats du génie passèrent l'Aisne, en amont de ce village, à l'aide d'une machine à deux pontons, et amenèrent en deux fois sur la rive droite une dizaine d'hommes et un officier qui s'établirent dans la ferme du château de Rochemont. De l'autre côté de la rivière, un détachement armé protégeait cette installation provisoire (2).

La nouvelle de l'apparition des Allemands à Pommiers se répandit comme une traînée de poudre dans les villages voisins ; et le maire de Pasly, M. Deschamps, s'empressa de venir l'apprendre au lieutenant-colonel de Nouë, qui lui conseilla d'organiser la résistance ; mais d'attendre, pour commencer l'attaque, l'arrivée d'un renfort qu'il promettait d'envoyer. C'est dans ces

---

(1) P. 56.

(2) *Opérations du corps du génie allemand.* — « La compagnie « de pionniers du capitaine Lilie réussit à amener l'équipage « de pont jusqu'à la rivière sans donner l'éveil ; mais comme « les eaux étaient très hautes, le matériel ne suffit pas et « l'infanterie dut passer en bateau. Plus tard, on trouva un « meilleur emplacement, et l'on jeta un pont qui assura le « passage d'une rive à l'autre. »

conditions que l'on convoqua les gardes nationaux de Pasly et de Vaurezis. Un certain nombre d'entré eux et quelques volontaires se réunirent le soir à une heure convenue, au lieudit la *Croix-Blanche;* et de là, sous le commandement de l'instituteur de Pasly, Jules Debordeaux, ils marchèrent sur Pommiers. La petite troupe gagna les maisons proches de la rivière, se dissémina le long de l'Aisne et ouvrit le feu, en tiraillant au hasard, durant quelque temps, dans la direction de l'ennemi ; puis, les munitions s'épuisant et le renfort promis de la place n'arrivant pas, on battit en retraite.

Au lieu de répondre à la fusillade, les Allemands en avaient prudemment attendu la fin, protégés par une nuit profonde et abrités derrière des murs ou cachés dans des caves. Ils reprirent leurs travaux après le départ des gardes nationaux dont l'expédition était demeurée sans résultat; cependant, l'ennemi résolut d'en tirer une vengeance éclatante. Dès le lendemain matin, il occupait militairement Pommiers, opérait la saisie des armes de guerre et des fusils de chasse et arrêtait, comme otages, le maire, M. Vauvillé, l'instituteur, M. Henry, le curé, M. Mulet, et plusieurs autres habitants qui furent gardés à vue, avec défense expresse de communiquer entre eux. Le maire et l'instituteur, outragés, frappés, menacés de mort, opposaient à ces violences une attitude pleine de calme et de dignité.

En même temps, Pasly était envahi à son tour par un détachement de cent hommes, ayant à sa tête un colonel. MM. Deschamps et Debordeaux se trouvaient alors devant la maison d'école. Le

colonel s'avance vers eux : « Vous êtes le maire ? »
dit-il au premier, « et vous l'instituteur ? » ajoute-t-il
en fixant Debordeaux, qui lui répond simplement :
« Oui, monsieur. » Aussitôt l'officier le soufflette
sur les deux joues et lui réclame impérativement
la liste des gardes nationaux de la commune.
Tandis que Debordeaux, sous la menace de deux
revolvers, va chercher la liste si brutalement
demandée, le colonel annonce au maire que le
village sera incendié si l'on y découvre des fusils.
M. Deschamps se récrie et affirme que la garde
nationale rurale est une institution régulière,
créée par l'Empire et non par le Gouvernement
du 4 septembre, comme son interlocuteur feignait
de le croire : « Nous avons reçu des fusils, ajoute
« le maire de Pasly, ils vous seront livrés si vous
« l'exigez, mais l'attitude paisible des habitants
« de ma commune doit les mettre à l'abri de
« menaces qui n'auraient trouvé leur justification
« que dans des tentatives hostiles de leur part (1).»
Le colonel fléchit devant ce langage, il épargne le
village, mais il ordonne que toutes les armes
lui soient remises dans l'après-midi. A l'heure
indiquée, les Allemands procédèrent à cette
opération durant laquelle l'instituteur Debordeaux
fut encore frappé et outragé. L'ennemi pourtant
ignorait qu'il avait pris part à l'expédition de la
veille.

Le lendemain (10 octobre), le drame prit tout à
coup une physionomie nouvelle. Au moment où les
otages de Pommiers, entassés dans une charrette,

_____

(1) Voir la brochure de M. J. Deschamps : *Six Exécutions
prussiennes racontées par un maire de campagne du département de l'Aisne.* Soissons, 1872.

étaient enlevés et allaient partir pour Vauxbuin, en présence de la population consternée, un officier s'écria : « On va fusiller les otages et incendier le « village si les coupables ne sont pas découverts.» C'est alors que trois habitants de la commune, trois traîtres, faiblissant devant ces menaces, firent des révélations qui marquèrent, hélas ! plusieurs victimes pour le sacrifice. Un maçon du pays, Joseph Leclère, déclara que huit ou dix hommes de Pasly et de Vaurezis étaient venus charger leurs fusils dans sa cour, et il nomma le sieur Courcy ; Jean Bertin désigna le sieur Planchard ; enfin un troisième, — un jeune homme de dix-neuf ans, Arthur Arnould, — livra le nom de l'instituteur Debordeaux, « qui, dit-il, s'est vanté d'avoir tiré quatre coups de fusil ».

Ivres d'une joie féroce, les Allemands se précipitent dans Pasly avec les délateurs ; ils fouillent toutes les maisons ; en vain Debordeaux et Courcy essaient de fuir, on les atteint, on s'en empare, on les confronte avec Arnould et Leclère qui renouvellent leurs dénonciations. Un officier s'écrie alors d'une voix forte, en français : « Qu'on fusille ces deux hommes-là, entre Cuffies et Pasly, sur la montagne ! » On entraîne les condamnés... vingt minutes plus tard, un feu de peloton apprenait aux habitants de Pasly terrifiés que la sentence fatale venait de recevoir son exécution. Plus heureux que ses camarades, Planchard avait pu échapper par la fuite au sort qui l'attendait. Deux paysans qui travaillaient dans les champs, non loin de là, furent témoins du drame. « On avait « attaché les malheureux, sans écouter leurs « supplications ; en vain, ils avaient réclamé des

« juges ; en vain, ils avaient demandé grâce, au
« nom de leurs familles. Quand ils eurent gravi
« la colline, on leur banda les yeux, puis l'on
« donna sans pitié le signal du feu. Les bourreaux
« manquèrent deux fois le pauvre Debordeaux
« qui deux fois se releva, en poussant des cris
« épouvantables ; alors l'officier se décida à mettre
« fin à cette horrible agonie : il déchargea son
« revolver dans l'oreille de la victime (1). »
Les Allemands abandonnèrent les cadavres sans
sépulture sur la montagne et descendirent dans
Cuffies (2).

Pendant que Debordeaux et Courcy tombaient
sous les balles prussiennes, le maire de Pasly,
M. Deschamps, retenu comme otage, était traîné
à Pommiers, à Mercin, puis reconduit dans sa
commune où il dut assister, en captif, au pillage
méthodique des maisons et aux minutieuses
perquisitions auxquelles l'ennemi se livra pour
découvrir les gardes nationaux. Mais les habitants,
sauf quelques vieillards, avaient fui ; on ne trouva

(1) Brochure de M. Deschamps, p. 13 et 14.
(2) Un monument, produit d'une souscription publique, a été
élevé à l'endroit même où Debordeaux et Courcy sont tombés
sous les balles prussiennes. On a gravé les inscriptions suivantes
sur les quatre faces de ce monument :

A L'INSTITUTEUR JULES DEBORDEAUX ET A LOUIS COURCY
FUSILLÉS LE X OCTOBRE MDCCCLXX

A CETTE PLACE DEUX GARDES NATIONAUX ONT ÉTÉ FUSILLÉS
PAR LA LANDWEHR PRUSSIENNE
POUR AVOIR DÉFENDU LEUR PATRIE

AUX MARTYRS DE PASLY
MONUMENT ÉLEVÉ A L'AIDE D'UNE SOUSCRIPTION PATRIOTIQUE

MONSIEUR LE MINISTRE DE L'INSTRUCTION PUBLIQUE ET DES CULTES
ET LE CONSEIL GÉNÉRAL DE L'AISNE
ONT PARTICIPÉ A CETTE SOUSCRIPTION

personne. Vers minuit, l'officier allemand qui
commandait le détachement, furieux et déconte-
nancé, donna l'ordre à ses soldats d'interrompre
leur inutile besogne, et il dit à M. Deschamps :
« Maintenant, conduisez-moi à Vaurezis. » Chemin
faisant, on s'arrête à la ferme du Mont-de-Pasly ;
on la fouille, on la pille, on terrifie ses habitants,
on y fait trois nouveaux prisonniers, et la colonne
se remet en marche pour Vaurezis, commune
qu'un des délateurs de Pommiers avait, on se
le rappelle, signalée à la vengeance de l'ennemi.
Là, les· perquisitions et les scènes de pillage
recommencent. Un jeune ouvrier, Charles Odot,
est massacré chez lui, en défendant sa femme
à laquelle des soldats essayaient de voler une
cinquantaine de francs, seul argent qu'elle
possédât. Les otages, gardés à vue, en plein
air, sous les morsures du froid, entendirent
les cris de la victime et les coups de fusil qui
les étouffèrent bientôt dans le silence de la mort.

Le sang de Charles Odot ne devait pas être le
dernier versé. Poursuivant leur œuvre, les
Allemands réclament la liste des gardes nationaux
de Vaurezis à l'instituteur Poulette, qui l'avait
détruite la veille. Mais un misérable, le garde
champêtre Poittevin, en avait une copie ; il la livre
lâchement pour satisfaire la haine qu'il nourrissait contre certains habitants de la commune et
dénonce, de son plein gré, les sieurs Létoffé et
Déquirez, comme ayant pris part à l'expédition de
Pommiers. Déquirez cherche à fuir, mais il est
arrêté près de l'église et conduit, sur l'ordre de
Poittevin même, devant le chef allemand qui,
l'appelant tout de suite par son nom, lui dit :

« Vous verrez si les Prussiens savent tirer.» Après
avoir saisi toutes les armes et fait l'appel des
gardes nationaux, à l'aide de la liste livrée par
l'infâme Poittevin, les Allemands réquisitionnèrent
cinq charrettes dans lesquelles ils firent monter
vingt-quatre otages, avec l'instituteur Poulette,
Létoffé et Déquirez; puis, sous les regards des
femmes et des enfants en pleurs, le cortège se
mit en marche pour Vauxbuin, où les otages de
Pommiers avaient été amenés. On introduisit tous
les prisonniers dans une des salles du château où
se tenait une sorte de conseil de guerre, sous
la présidence du colonel de Krohn. La séance
s'ouvrit par un discours du président qui, ensuite,
donna l'ordre de séparer les captifs en trois
groupes : on enferma ensemble, dans une pièce
voisine, le curé de Pommiers et le maire de
Pasly ; on retint devant le conseil l'instituteur
Poulette, Létoffé et Déquirez ; et l'on plaça les
autres otages sur la grande pelouse du parc : « Ce
« jour-là (11 octobre), le sol était fortement imbibé
« par la pluie tombée la nuit précédente. On força
« ces malheureux à se coucher à plat ventre sur
« l'herbe, les bras croisés sur le visage, les jambes
« allongées, et derrière chacun d'eux on plaça un
« soldat qui, au moindre mouvement, assénait au
« *coupable* un violent coup de pied ou un coup de
« crosse. Ce supplice barbare dura cinq heures (1) »,
c'est-à-dire jusqu'au moment où la séance du
conseil prit fin.

L'arrêt rendu, le colonel de Krohn vint trouver
le curé de Pommiers : « Trois hommes de votre

(1) Brochure de M. Deschamps, p. 23.

« religion, lui dit-il, sont condamnés à mort;
« remplissez auprès d'eux le devoir que votre
« ministère vous impose. » Et comme le digne
prêtre se récriait et demandait un sursis, espérant
que quelque sentiment humain s'éveillerait dans
le cœur de cet homme avant que le sang coulât
de nouveau, l'officier impassible l'interrompit :
« Je vous accorde, reprit-il, cinq minutes pour
« les trois. » Il fallut obéir. Poulette, Létoffé et
Déquirez, — car c'étaient bien eux qui allaient
mourir, —apparurent sous la garde d'une escorte ;
ils fondaient en larmes et se soutenaient à peine.
Ils eussent fait volontiers le sacrifice de leur vie,
les armes à la main; mais, prisonniers de guerre,
ils estimaient que le droit des gens rendait leur
personne inviolable et qu'ils ne pouvaient être
lâchement assassinés. Le curé de Pommiers se
place derrière eux, et le cortège se dirige vers le
lieu de l'exécution où se trouvaient déjà tous les
otages qui durent s'agenouiller en cercle autour
de trois fosses creusées à l'avance. Après la lecture
de la sentence de mort, on livre les condamnés
au ministre de Dieu, qui reçoit leur confession
au milieu de cette lugubre mise en scène, et qui
leur adresse ces touchantes paroles : « Restez
« dans cette attitude humble et résignée, — ils
« étaient à genoux, — et demandez à Dieu pardon
« pour vos bourreaux; je vais les implorer une
« dernière fois en votre faveur. » Puis s'avançant
vers le colonel de Krohn, le curé de Pommiers
s'agenouille devant lui et le supplie, au nom de
l'humanité, de commuer la peine de mort en
prison perpétuelle : « Non, répond le bourreau,
« justice sera faite, le conseil a prononcé à

« l'unanimité », et il donne le signal fatal. Par un raffinement inouï de cruauté, Létoffé, Poulette et Déquirez furent fusillés succesivement ; et, — détail horrible, — on força les otages à les enterrer et à piétiner le sol qui recouvrait leurs restes.

Dans la pensée des Allemands, cette triple exécution, précédée de celle de Debordeaux et de Courcy, et du meurtre de Charles Odot, ne devait pas clore la série de leurs vengeances. Le colonel de Krohn le fit entendre au curé de Pommiers qui demandait à retourner dans sa paroisse : « Non, non, il y aura encore des condamnés, « et vous serez chargé de les confesser. » L'abbé Mulet, s'indignant de pareils desseins, répondit courageusement « qu'il ne lui convenait « pas d'accepter les fonctions d'aumônier des « exécutions prussiennes » ; « il le faudra ! » avait répliqué le colonel de Krohn qui doit être considéré comme le principal instigateur des assassinats dont on vient de lire le récit. L'histoire saura conserver son nom ; elle le condamnera à l'immortalité (1).

Toutefois, ces nouvelles menaces restèrent sans effet ; le bombardement de Soissons s'ouvrit le lendemain ; et, après la reddition de la place, tous les otages furent mis en liberté. Durant six

_____

(1) Le colonel de Krohn a marqué son passage dans le département des Ardennes par d'autres exécutions non moins épouvantables. Le 27 octobre 1870, des francs-tireurs ayant fait feu sur des soldats allemands, dans le village de Vaux, le colonel de Krohn arrêta quarante habitants du pays et les enferma dans l'église, en leur intimant l'ordre de désigner trois d'entre eux pour être fusillés. Par la plus lâche des infamies, les otages procédèrent à un vote et désignèrent trois malheureux qui furent aussitôt exécutés. (Voir les journaux judiciaires de l'époque et l'*Argus soissonnais* des 16 et 19 janvier 1873.)

jours, enfermés dans d'étroits cachots, enterrés vivants, pour ainsi dire, en proie aux plus cruelles angoisses et aux plus dures privations, poursuivis par les souvenirs des scènes horribles dont ils avaient été les témoins, ils avaient attendu, au bruit d'une incessante canonnade, l'heure de l'appel des condamnés. La capitulation de Soissons brisa la pierre de leur tombeau. Il convient d'ajouter, comme dernier détail, que ces faits s'accomplissaient à l'ombre du drapeau des ambulances internationales, arboré au faîte du château de Vauxbuin, où il n'y avait ni blessés, ni malades. C'est sous la protection de cet emblème humanitaire que quarante Français subirent les tortures d'une odieuse captivité et que trois autres furent condamnés à mort et exécutés pour avoir défendu leur pays. Le pavillon blanc à croix rouge flottait au-dessus des fosses qui contenaient les cadavres, percés de balles, de l'instituteur de Vaurezis et de ses compagnons (1) !

(1) En 1872, la justice française, saisie des faits dont on vient de lire le récit, ouvrit une minutieuse enquête et renvoya les délateurs devant un conseil de guerre. L'ancien garde champêtre de Vaurezis, Poittevin, et Arthur Arnould furent condamnés à mort ; François-Joseph Leclère et Jean Berlin à dix et à cinq ans de travaux forcés. On exécuta Poittevin, mais Arnould eut sa peine commuée et fut déporté à la Nouvelle-Calédonie. Pour perpétuer le souvenir des instituteurs Debordeaux et Poulette ainsi que celui d'un de leurs collègues, Jules Leroy, de Vendières, condamné à mort et exécuté par les Allemands le 22 janvier 1871, le Conseil général de l'Aisne a érigé solennellement, le 20 août 1872, dans la cour de l'Ecole normale de Laon, une plaque de marbre portant cette inscription commémorative : *A la mémoire de Debordeaux (Jules-Denis), instituteur à Pasly, de Poulette (Louis-Théophile), instituteur à Vaurezis, fusillés par les Prussiens, pour avoir défendu leur pays, et de Leroy (Jules-Athanase), instituteur à Vendières, victime d'une inique condamnation de la part de l'ennemi, le Conseil général de l'Aisne a érigé ce monument.*

CHAPITRE V.

Soissons est situé à 106 kilomètres au nord-est
de Paris, sur la rive gauche de l'Aisne, au
confluent des deux vallées de l'Aisne et de la
Crise, avec un faubourg sur la rive droite, — le
faubourg Saint-Vaast, — qui est relié à la ville
par un vieux pont de pierre construit au moyen
âge et qu'une arche marinière établie par les
ingénieurs de l'Etat a mutilé depuis plusieurs
années. Soissons commande six routes nationales,
le chemin de fer de Paris à Reims, et la ligne de
Paris à Laon par Villers-Cotterèts, ce qui lui donne
une réelle importance. Mais en 1870, la place
était insuffisamment fortifiée; les montagnes qui la
dominent de toutes parts, à des distances variant
de 1,800 à 2,500 mètres, rendaient facile l'œuvre
du bombardement, et sa frêle enceinte ne pouvait
opposer qu'une faible résistance aux puissants
projectiles de l'artillerie moderne. Soissons était
défendu par 11 bastions, édifiés d'après le premier
système de Vauban et formant un quadrilatère

de 1,200 mètres sur 800. L'enceinte revêtue offrait
quelques abris casematés, insuffisants toutefois
pour loger la garnison ; les casernes, pas plus que
l'hôpital, ne possédaient d'abris voûtés. Les
façades du nord et du nord-ouest avaient seules
des ouvrages extérieurs croisant leurs feux sur
l'angle nord-ouest, « point le plus faible de la
« place auquel on avait ainsi donné un degré de
« résistance suffisant contre les anciens moyens
« d'attaque ». En avant du front sud-ouest existait
un ouvrage à cornes bastionné, appelé communé-
ment fort Saint-Jean, qu'on avait organisé pour la
mousqueterie et qui communiquait avec le corps
de place par une galerie souterraine. Le front
de l'est était protégé par l'Aisne et défendu par
un mur crénelé de 6 mètres de hauteur et de
2 mètres d'épaisseur ; ce front était, en outre,
couvert par les trois bastions du faubourg
Saint-Vaast, formant tête de pont sur la rive
droite. Comme on l'a vu plus haut, un barrage
militaire voisin du pont et une dérivation de la
Crise permettaient d'inonder la plus grande partie
des fossés et de noyer le fond des deux vallées,
« ce qui rendait le côté sud-est absolument
« inattaquable ». Le front sud-ouest, construit sur
le mamelon de Saint-Jean et peu développé,
présentait seul des fossés à sec. En résumé, comme
l'attestent les documents officiels allemands, la
place était à l'abri d'une attaque de vive force au
milieu de septembre, mais elle était évidemment
incapable de résister longtemps si l'on faisait
arriver un parc de siège sous ses murs (1).

(1) *La Guerre franco-allemande de 1870-71*, rédigée par la
section historique du grand état-major prussien, *Opérations du*

Lorsque Toul eut capitulé (1), l'état-major allemand, désireux de hâter la chute de Soissons, mit à la disposition du gouverneur général de Reims le parc de siège devenu disponible devant Toul; et le colonel d'artillerie Bartsch qui avait dirigé le bombardement de cette dernière place fut désigné pour venir nous assiéger. Cet officier confia au major Gartner la surveillance de l'expédition du matériel et arriva le 3 octobre devant Soissons. Le colonel Braun, commandant du génie, et le lieutenant-colonel d'artillerie Wiebe en avaient déjà reconnu les abords. Cette reconnaissance fut continuée le 3 avec le colonel Bartsch, mais en laissant de côté le terrain du nord que l'assiégeant n'occupait pas encore. Le 6, on arrêta le projet des opérations qui consistait « à diriger une attaque brusquée contre « le bastion sud-ouest et contre le bastion voisin « du côté de l'est, qui renferme un cavalier : « d'une part, en effet, les fossés de ce front « sont secs, et d'autre part on trouve sur les

corps du génie allemand, le *Siège de Soissons,* par le major Gartner, *passim.*

(1) Toul avait capitulé le 23 septembre. — *Mémoires du maréchal de Moltke :* « Au matin, 62 pièces ouvrirent le feu et, à « trois heures et demie, le drapeau blanc fut hissé à la cathédrale. « La reddition se fit le 23 aux mêmes conditions qu'à Sedan. » — *Opérations du corps du génie allemand :* « On y trouva « 76 bouches à feu, 3,000 fusils, une quantité considérable « d'approvisionnements, de matériel et de munitions, et « notamment 110,000 kilogrammes de poudre, 143,000 rations de « vivres et 52,000 rations de fourrage ; 2,350 prisonniers de « guerre tombèrent dans nos mains. On reconnut que la « fortification n'avait que fort peu souffert, mais que plusieurs « casernes et un grand nombre de maisons particulières avaient « été fortement endommagées ; toutefois les dégâts étaient « incomparablement moindres que ceux que l'on constata dans « les autres places conquises, telles que Thionville, Mézières et « Soissons. »

« plateaux de Sainte-Geneviève et de Vauxbuin
« des positions très sûres et très dominantes
« pour l'artillerie; enfin ce point d'attaque est
« stratégiquement bien plus avantageux que le
« côté nord, car le parc de siège peut être installé
« à côté des routes menant à Château-Thierry
« ou à Reims, stations principales de la ligne
« d'étapes (1) ». Il faut ajouter que la partie nord,
malgré les hauteurs qui offraient, comme celles du
sud, d'excellentes positions pour l'établissement
des premières batteries de siège, présentait un
très grave inconvénient, car en nous attaquant de
là l'ennemi se serait vu obligé de passer l'Aisne
au moment où il aurait voulu pousser ses travaux
d'approche. Il résolut donc d'établir ses batteries
en face du front sud et de l'ouvrage à cornes.
« L'attaque régulière dans le cas où l'on serait
« obligé d'y recourir, devait d'abord comprendre
« des batteries de première période à construire
« en une nuit sur les hauteurs précitées, et à
« armer la nuit suivante pour commencer le
« lendemain la lutte d'artillerie. Les travaux du
« siège suivraient ensuite la méthode ordinaire ;
« mais on ne construirait de batteries avancées
« que pour les mortiers. Dans l'hypothèse pro-
« bable où l'on ne rencontrerait pas de trop
« grandes difficultés, le colonel Braun indiquait
« la marche suivante : 1° Eteindre le feu de
« l'artillerie de la place ; — 2° Ruiner la ville
« par un bombardement auquel les mortiers
« prendraient la plus grande part ; — 3° Ouvrir une
« brèche afin d'abattre le moral de la garnison et

(1) *Opérations du corps du génie allemand.*

« de fournir au commandant un prétexte suffisant
« pour capituler (1). »

Pour arriver à ces résultats, le colonel Bartsch
proposait de construire huit batteries, d'après
un dispositif qui fut approuvé par le général de
Selchow ; mais les premières opérations subirent
un retard forcé, en raison des difficultés que les
Allemands rencontrèrent dans le transport du
matériel de siège. Entre Toul et Reims, le
mauvais état de la voie ferrée et la rupture d'un
pont auquel on n'avait fait qu'une réparation
provisoire réclamaient une grande prudence ; il
était impossible de donner une charge trop forte
aux wagons. Le 2 octobre, un premier convoi
quittait Toul et arrivait, par trois trains successifs,
à Reims, où l'on avait réuni 350 voitures et
1,000 chevaux de réquisition pour continuer le
transport jusqu'à Soissons, sous la garde d'une
compagnie d'infanterie et d'un détachement de
grosse cavalerie.

« Malgré la longue et belle route qui permettait
« à deux voitures attelées de trois chevaux de file
« de marcher de front, la colonne n'avait pas
« moins de trois quarts de mille (2 kil. 550 m.) ; il
« lui fallut plus d'une heure et demie pour sortir
« de Reims... la course d'un cavalier de l'avant
« à l'arrière de la colonne et de l'arrière à l'avant
« ne demandait pas moins d'une heure (2). » —
« Qu'on songe, écrit le major Gartner, au désordre
« et au retard que nous aurions éprouvés, si
« seulement quelques francs-tireurs avaient tiré
« des bois dans le milieu de notre train quelques

(1) *Opérations du corps du génie allemand.*
(2) Gartner, *Siège de Soissons.*

« coups de feu et tué un ou deux chevaux. Si ce
« manége avait été renouvelé sur plusieurs points,
« nous ne serions peut-être jamais arrivés à
« bouger de place. »

Durant le trajet, des chevaux refusèrent tout
service, une pièce de canon roula au bas d'un
talus, des voitures mises hors d'état furent
déchargées et laissées en arrière, un certain
nombre de conducteurs réquisitionnés abandonnèrent leur attelage et disparurent, de sorte que
chaque soldat avait la surveillance de quatre ou
cinq voitures. L'ennemi triompha de tous ces
obstacles ; et, le 6 octobre, le grand parc
d'artillerie formé au sud de Courmelles ainsi que
le parc auxiliaire de Vénizel reçurent un premier
approvisionnement de canons et de munitions,
qui fut continué le 8 et enfin complété le 11 par
l'arrivée de deux autres convois, l'un formé de
287 voitures, et l'autre de 93. En résumé, le
transport du matériel de siège nécessaire au
bombardement de Soissons avait exigé 730 voitures
et 2,000 chevaux (1).

Quant au parc du génie, l'assiégeant avait pris, le
6 octobre, les dispositions nécessaires pour l'établir
au sud de Vignolles ; et c'est encore Toul qui lui
fournit les outils de pionniers. Il ne s'agissait plus
maintenant que de faire les derniers préparatifs
de l'attaque. Le 11 octobre, le grand-duc de
Mecklembourg avance son quartier général de
Reims à Buzancy, et le soir du même jour
quatre compagnies d'artillerie de place, arrivées
sur ces entrefaites, commencent, avec l'aide

(1) Gartner, *Siège de Soissons, passim.*

de travailleurs d'infanterie, la construction des batteries de siège. Le sol était facile à remuer, le temps favorable; aussi ces batteries furent-elles promptement terminées, et on les arma dans la nuit même « sans grands dommages, l'assiégé « se contentant, malgré un superbe clair de « lune, de lancer quelques boulets perdus (1). » En même temps, les deux compagnies de pionniers ouvraient des tranchées d'accès et de communication vers le plateau de Vauxbuin pour les batteries qu'on y construisait.

Le mercredi 12 octobre, à six heures moins dix minutes du matin, après trois hourras pour le roi de Prusse, poussés par les troupes allemandes, le feu s'ouvre contre la place, sans sommation préalable, avec 32 canons de siège et 12 pièces de campagne répartis en huit batteries de la manière suivante : deux batteries (nos 1 et 2) sur la montagne Sainte-Geneviève, une batterie n° 3, dans la vallée, au nord de Belleu, derrière le remblai du chemin de fer, et les cinq autres (nos 4, 5, 6, 7 et 8), sur la crête nord-est du Mont-Marion (montagne de Presles) (2).

Nous avons indiqué le plan de l'ennemi (3) : il s'agissait de ruiner notre artillerie, de bombarder la ville et d'ouvrir une brèche ; en outre, les canonniers avaient l'ordre d'incendier les bâtiments militaires et les postes d'observation. Ce plan fut strictement suivi. Dès l'ouverture du

---

(1) *La Guerre franco-allemande de 1870-71*, ouvrage du *grand état-major prussien*.

(2) Voir à la fin du volume le plan dressé par M. Paul Laurent, qui donne exactement la position des batteries allemandes et la pièce annexée, n° 10.

(3) Voir plus haut, p. 85.

feu, dès obus accablent simultanément l'Arsenal, les bastions sud-est de l'enceinte, la courtine 3-4, la grande caserne et les quartiers situés au sud de la ville.

La chute des premiers projectiles sur Saint-Jean a des effets immédiats et en quelque sorte foudroyants. Sans parler des magnifiques flèches, encore témoins et victimes de l'aveugle colère des hommes, les bâtiments de l'Arsenal sont atteints, des armes broyées, un incendie se déclare dans le magasin à fourrages, un bureau est bouleversé de fond en comble, la monture d'une tente où se trouvaient plusieurs soldats complètement brisée. Il faut préparer la défense sous une pluie de feu. On enfonce les portes des magasins à poudre dont les clefs étaient perdues. Les officiers courent aux bastions attaqués. L'ennemi tire à toute vitesse. Il a sur nous la supériorité du nombre, la précision plus grande des pièces et l'avantage de la position, puisque ses batteries nous dominent de 65 à 75 mètres. Aussi, en moins d'une heure, comptons-nous déjà cinq pièces démontées, un artilleur mobile tué et plusieurs gravement blessés. Les canonniers de la ligne réconfortent leurs jeunes auxiliaires, mobiles du département du Nord, qui ressentaient ce frisson connu même du grand Turenne, et tous se mettent vaillamment à l'œuvre.

On renonce à rétablir sur affût les pièces démontées, *dans la crainte de sacrifier l'unique chèvre que possédait la place.* On fait usage des mortiers. Nos coups portent, et peu à peu notre tir gagne en vigueur, tandis que celui de l'assiégeant se ralentit. La lutte reste inégale encore,

mais enfin nous la soutenons, et avec ténacité (1).
A midi, nous avions huit pièces démontées,
plusieurs canonniers et auxiliaires gravement
blessés. Nos artilleurs, accablés de fatigue,
songent à prendre quelque nourriture ; les projectiles allemands ont tout détruit ; les marmites
et les foyers comme les tentes et les armes.
Quelques morceaux de pain retrouvés dans la
poussière suffisent à ces braves qui se remettent
à leurs pièces. Le feu, qui n'a jamais cessé,
redouble de fureur à la fin du jour. On dirait que
l'ennemi veut nous imposer silence avant la nuit,
mais nous répondons vigoureusement. A six
heures, les canons se taisent de part et d'autre.

L'ouvrage à cornes, qui ne possédait que deux
pièces de campagne rayées, s'était activement
mêlé au combat. « Il se faisait très remarquer (2). »
Exposés aux obus que leur envoyaient les batteries
de Presles, les quelques artilleurs qui desservaient
cet ouvrage avaient tiré le meilleur parti possible
d'un matériel tout à fait insuffisant. Deux fois
ils relevèrent leurs deux pièces de campagne
démontées. C'étaient les seules qui pussent

(1) Gartner, *Siège de Soissons* : « Le feu des Français était
« trop long, et une grande quantité des obus éclataient à cent
« pas derrière nous ; sans cela, leur tir, qui devenait de plus en
« plus précis, nous aurait causé encore plus d'embarras. Nous
« devions convenir alors, comme nous l'avons fait plus tard,
« que nous n'avions pas acquis de supériorité sur l'artillerie
« française. Gênés par le feu mieux nourri de l'ennemi, nous
« avons fait la faute de ne pas détruire assez complètement les
« embrasures et les canons avant de choisir d'autres points de
« tir. Ce n'est que trop souvent que nous voyions, après un
« court délai reparaître des embrasures qui paraissaient com-
« plètement détruites. Il est vrai qu'en raison de l'éloignement,
« il était très difficile de se rendre compte du dommage causé. »
(2) Gartner, *Siège de Soissons*.

atteindre Presles ! Là encore nous faisions une
perte cruelle : l'intrépide maréchal des logis
Olagnier tombait mortellement frappé. Après
cette rude journée, nos canonniers, quoique
exténués, passent la nuit sur les remparts,
changent les affûts brisés, remettent les pièces en
état ; et les sapeurs du génie, avec l'aide de
soldats et de mobiles, élèvent de nouvelles
traverses pour protéger les canons, refont les
embrasures, réapprovisionnent les magasins à
poudre. L'ennemi nous lance des projectiles à
intervalles réguliers ; on ne lui répond pas, car la
lumière des coups révélerait la présence de nos
travailleurs.

L'assiégeant ne s'attendait point à cette énergique résistance. L'une de ses cinq batteries de
Presles avait essayé le matin, à l'ouverture du
feu, de battre la courtine 3-4 où la brèche sera
pratiquée, mais elle dut bientôt s'en tenir à la
lutte contre nos canons dont le tir était d'une
précision telle que le colonel Bartsch et le major
Gartner virent éclater près d'eux, à la batterie
n° 4, une bombe qui tua deux hommes et en
blessa quatre autres, dont deux grièvement. Tous
servaient la même pièce qui fut momentanément
réduite au silence. Cette même batterie eut
encore trois blessés, « ce qui est vraiment
« extraordinaire, écrit le major Gartner, quand
« on considère que ce fait avait lieu derrière un
« parapet très solide, dominant bien l'ennemi à
« une distance moyenne de 1,800 mètres ». Nos
projectiles avaient criblé de tant de coups le
magasin à poudre de la batterie n° 5 que le
soir elle était en danger. Cette batterie eut

aussi deux pièces atteintes et deux hommes
blessés.

Indiquons la situation des autres batteries de
l'ennemi durant cette première journée.

La batterie n° 1 avait ouvert le feu contre la
plate-forme de la Cathédrale où se trouvait un
poste d'observation relié par un fil télégraphique
au bureau du commandant de Nouë ; en cas d'une
sortie de la garnison, elle devait balayer le
terrain devant elle et battre le front 1-4. Elle
reçut de nombreux projectiles, et une de ses
pièces fut démontée par un coup du bastion de
l'Arquebuse. La batterie n° 2 eut deux hommes
grièvement blessés et une pièce démontée. La
batterie n° 3, composée de mortiers bombardant
la ville, et établie près de la route de Fère-en-
Tardenois, derrière le remblai de la ligne de
Paris, lança ses bombes sans avoir à souffrir de
notre feu, en raison de sa situation. Les batteries
de Presles nos 6 et 7 luttèrent contre la face ouest
de l'enceinte et l'ouvrage à cornes, sans éprouver
de pertes, et elles continuèrent toute la nuit à
lancer des shrapnels (1). La batterie n° 7, protégée
par un bouquet d'arbres, échappait à la vue de
nos artilleurs. La batterie n° 8 avait pour mission,
— comme la batterie n° 1, — de tenir sous son
feu le terrain en avant et de lutter contre les
lignes collatérales ; elle contribua pour sa part à
la réduction de l'ouvrage à cornes.

« En résumé, comme l'atteste le major Gartner,
« les batteries allemandes avaient, en présence
« de la violence inattendue du feu de l'assiégé,

(1) Les shrapnels sont des obus à balles qui portent le nom
de leur inventeur, le colonel anglais Shrapnel.

« tiré trop vite dans la matinée, de sorte qu'elles
« avaient dû ralentir la succession de leurs coups
« dans l'après-midi pour pouvoir se suffire avec
« leurs munitions, ce qui à tous égards était fort
« regrettable. Cependant, du côté de la place le
« feu s'était également un peu ralenti. *Néanmoins,*
« *l'artillerie française est digne des plus grands*
« *éloges.* Que de fois des embrasures démontées se
« rétablissaient de nouveau dès que notre feu se
« dirigeait sur un autre point, comme nous y
« étions obligés par la sagacité avec laquelle la
« forteresse mesurait ses coups. Il est vrai d'ajouter
« que, par suite de la position avantageuse de nos
« batteries et la plus grande précision de nos
« pièces, elle avait dû éprouver de nombreuses
« pertes.... Dans la conférence présidée le soir
« par le grand - duc de Mecklembourg, on
« s'accorde à reconnaître qu'en présence du feu
« violent et bien nourri de la place, on doit
« s'attendre à une défense énergique et qu'on
« sera obligé d'en venir à une attaque en règle.
« Le colonel Bartsch fait des démarches auprès
« du chef de l'état-major, colonel de Krenski,
« pour obtenir une provision plus considérable
« de munitions, et en même temps l'adjonction
« d'une nouvelle compagnie d'artillerie.... Le
« grand-duc ordonne pour le lendemain un feu
« plus ferme sur l'artillerie de la place et plus de
« vigueur dans le bombardement de la ville....
« Il assiste, pendant les quatre jours, à la lutte,
« du haut d'une éminence au sud de Belleu, d'où
« il distribue ses conseils et ses ordres (1). »

(1) Gartner, *Siège de Soissons.*

Le 13, à six heures du matin, le feu reprend avec une nouvelle énergie. L'assiégeant, pourvu de plus de munitions, écrase les bastions et le sud de la ville. Nos artilleurs ne faiblissent pas, mais, vers onze heures, ils subissent une épreuve terrible : au moment où le capitaine de Monnery plaçait des canonniers à leurs pièces, un obus tue le maréchal des logis Moulin et le servant Schneider; quatre hommes sont également blessés, et le capitaine de Monnery, le visage brûlé et le corps couvert de blessures, privé momentanément de l'ouïe et de la vue, tombe inanimé sur le sol. Devant ces sept victimes, les artilleurs restent anéantis; de grosses larmes montent à leurs paupières. Le lieutenant en second Josset, jeune et vaillant officier qui se multipliait sur les remparts, arrive, relève les courages et fait transporter les blessés dans la casemate de l'Arsenal, occupée par les soldats de garde et remplie de munitions. Cet asile provisoire n'offrait qu'un abri bien incertain, car à chaque instant des coups d'obus ébranlaient le mur et projetaient des pierres dans l'intérieur. Les blessés y restèrent jusqu'au moment où une suspension d'armes permit de les conduire à l'Hôtel-Dieu. Nos pertes ne se bornent pas là : l'artificier Raimbold, dont le sang-froid et la bravoure faisaient l'admiration de tous ses camarades, est gravement atteint aux quatre membres. Il ne doit qu'à son énergique nature de pouvoir résister à l'amputation d'un bras et à d'autres opérations douloureuses ainsi qu'aux souffrances que lui impose une sorte d'étau où on l'enferme pour le rendre immobile. On le transporte à l'ambulance du Collège ; mais

au moment où on le dépose sur un lit, un
obus éclate près de lui et le couvre de décombres;
heureusement sa vie fut épargnée et il put guérir.

Les projectiles de l'assiégeant avaient allumé
des incendies qui furent, pour la plupart, promptement éteints, grâce aux récipients remplis d'eau
que toutes les maisons possédaient à chaque
étage. Un feu violent se déclare à l'Arsenal; il faut
le combattre et arracher aux flammes bon nombre
de projectiles creux dont on a le plus grand
besoin. Vers onze heures, un autre incendie éclate
rue Saint-Martin et menace de détruire tout le
quartier. Il est presque impossible d'organiser les
secours sous les obus que l'ennemi nous envoie.
Un troisième feu se déclare à la Petite-Caserne,
transformée en ambulance : elle contenait plus de
150 malades et blessés. On s'occupe d'opérer le
sauvetage de ces malheureux pour les arracher à
une mort certaine, car les flammes dévorent toute
la partie supérieure du bâtiment; on les évacue
sur l'Hôtel-Dieu et sur Saint-Léger. Tout à coup
les canons se taisent : un parlementaire se
présentait devant la porte Saint-Martin, au nom
du grand-duc de Mecklembourg qui envoyait l'un
de ses aides de camp, le capitaine de Schleitten,
pour demander la reddition de la place. L'officier
allemand affirme que toutes nos pièces sont
réduites au silence et que la chute de la forteresse
est inévitable « sous peu ». Le commandant de
Noué répond « que son honneur ne lui permet pas
« de songer à capituler avec les moyens qu'il a
« encore à sa disposition et la situation de la
« place; que six affûts seulement ont été démontés,
« mais qu'ils seront remplacés le lendemain ».

Il proteste, en outre, contre le feu mis à une
ambulance et contre le bombardement de la
ville; il déclare enfin qu'il attend l'assaut sur la
brèche (1).

La suspension d'armes nécessitée par l'entrevue
du lieutenant-colonel de Noüe et du comte de
Schleitten avait permis d'éteindre complètement
les incendies de la rue Saint-Martin et de la
Petite-Caserne; mais à peine le parlementaire
a-t-il quitté la ville que la lutte reprend avec rage.
Les projectiles de l'assiégeant amoncellent des
ruines de toutes parts. Et, au bruit des toits, des
cheminées, des pans de murs qui s'écroulent,
viennent se mêler les lugubres gémissements
des animaux parqués en ville. Subissant le sort
des assiégés, ils ont comme eux leurs morts et
leurs blessés. La nuit va peut-être nous apporter
quelque répit. Mais, vers six heures, le ciel se
colore au sud-ouest de lueurs sinistres : notre
Hôpital venait d'être incendié par l'ennemi; il
brûle sur toute l'étendue de son immense façade !
L'établissement contenait trois cents personnes :
vieillards, femmes et enfants. Les flammes s'élèvent
dans l'ombre du crépuscule, illuminent tout
l'horizon et annoncent le désastre à plusieurs lieues
à la ronde. Le commandant de place, le président
de la Commission municipale, M. Salleron, et
ses collègues, la compagnie de sapeurs-pompiers,
des détachements de la garnison et une partie

(1) Dans le travail officiel rédigé sur la guerre franco-
allemande par la section historique du grand état-major prussien,
on trouve la remarque suivante qui semble ironique : « Le
« commandant de Noüe se plaignit, en cette occasion, que le
« siège fût conduit brutalement et sans art, au lieu de suivre la
« marche régulière indiquée par Vauban. »

de la population civile rivalisent de zèle pour
conjurer les effets du sinistre. Les religieuses
supplient que l'on sauve d'abord les paralytiques
et les enfants. On transporte les infirmes à
l'Hôtel-Dieu et au collège où tous les pensionnaires
arrivent successivement sains et saufs, à l'exception
d'une vieille femme qu'un éclat de bombe atteint
mortellement. Le concierge, Carpentier, ancien
gendarme retraité, meurt aussi victime de son
dévouement. L'assiégeant, qui a pour complice
un vent implacable, ne cesse pas de lancer des
shrapnels sur le foyer de l'incendie. Son tir est
si juste que les obus de Presles passent entre les
deux flèches de Saint-Jean, déjà affreusement
mutilées, et tombent non loin des travailleurs
dont quelques-uns sont grièvement blessés.
Bientôt, le feu a tout dévoré : notre vieil Hôpital
n'est plus qu'un monceau de ruines fumantes (1).

Pendant cette deuxième journée, notre artillerie,
dirigée par le lieutenant Josset, seul officier restant
de son arme, avait porté des coups sensibles à
l'ennemi : la batterie n° 1 comptait une pièce
démontée, une autre fut atteinte, un canonnier
blessé ; la batterie n° 2, qui bombardait la
ville, eut trois hommes blessés ; la batterie n° 4,
violemment canonnée, se vit forcée de répondre
par deux de ces pièces à l'ouvrage à cornes, tandis

_____

(1) Gartner, *Siège de Soissons :* « Les hôpitaux avaient été
« de préférence établis dans la partie sud de la ville où allaient
« se perdre ceux de nos coups trop haut. Quant à l'incendie du
« grand Hôpital, le feu est dû, comme nous nous en sommes
« aperçu en entrant dans la ville, à ce qu'un drapeau flottant
« sur un pignon nous l'avait fait prendre pour une caserne. Il
« n'était néanmoins arrivé d'accident à aucun malade. On ne
« laissa pas cependant de nous accuser de barbarie ; on ne
« voulut rien entendre. »

que les autres continuaient le tir en brèche ; un de
nos obus y blessa cinq hommes ; un autre y
brisa une roue d'affût. « Le feu de la place est
« d'une grande violence de huit heures à dix
« heures (1). » Les batteries qui bombardaient la
ville et écrasaient l'ouvrage à cornes n'éprouvèrent
pas trop de dommages. Notre feu s'étant ralenti
après dix heures du matin, l'ennemi nous envoya
des shrapnels pour empêcher les réparations et
continua à incendier la ville « où des flammes
« sont distinctes en plusieurs endroits (2) ».
La batterie n° 6 souffrit un peu ; la batterie n° 7
fut plus éprouvée ; elle eut un homme blessé.
La batterie n° 8 ne subit pas de pertes ; « elle
« se joint aux pièces qui, durant toute la
« nuit, lancent des shrapnels sur les points qui
« brûlent (3). »

En prévision de la prolongation du siège, le
grand-duc de Mecklembourg ordonne qu'il lui
soit envoyé : de Reims, un renfort d'infanterie ;
de Mézières, une batterie d'artillerie, détachée
des troupes d'investissement ; de Sedan, quatre
nouveaux mortiers français ; de Toul et de
Strasbourg, de nouvelles munitions, et il réclame
l'ouverture de la première parallèle. Deux causes
avaient retardé cette opération : « Le faible
« effectif de l'infanterie du corps de siège et le
« manque d'outils (le 13ᵐᵉ corps de l'armée
« allemande n'avait pas de parc d'outils). On
« n'avait, en effet, que 4,000 hommes d'infanterie
« en tout qui suffisaient à peine pour l'investis-

(1) Gartner, *Siège de Soissons.*
(2) *Ibidem.*
(3) *Ibidem.*

« sement et pour le service des parcs. (On fit
« venir plus tard deux bataillons de landwehr.)
« De plus, le point d'attaque étant connu de
« la défense, puisque l'on avait commencé le
« tir en brèche, il fallait s'attendre à voir
« l'assiégé tirer beaucoup sur les troupes de
« garde et sur les travailleurs. Le colonel Braun
« pensait donc faire construire d'avance par les
« pionniers quelques portions de la parallèle, ce
« qui permettrait de diminuer le nombre des
« travailleurs et de fournir des abris aux soutiens.
« Pour détourner de ces travaux l'attention de la
« place, on ordonna à l'infanterie de creuser des
« tranchées-abris entre la grande route de Paris
« et la basse Aisne, ce qui fut aussitôt exécuté
« sur une grande échelle (1). »

Malgré le feu de la nuit, nos travaux de
réparation avaient pu se poursuivre et s'achever.
Les artilleurs, diminués en nombre, par les
pertes subies depuis quarante-huit heures et par
l'impossibilité d'utiliser le service d'auxiliaires
trop inexpérimentés, sont toujours à leurs pièces.
Le 14, au matin, la lutte recommence, plus
furieuse que la veille. Notre feu devient si vif
que l'ennemi est obligé de joindre ses neuf
canons de brèche à ses autres pièces pour écraser
nos bastions. Vers neuf heures, nos canonniers,
gênés par une pluie pénétrante et par une forte
bise, perdent l'avantage, mais ils ne tardent
pas à le reprendre. « A une heure, le feu de la
« place est si violent, que l'assiégeant a à peine
« le temps d'inscrire les coups (2). » Il dirige

(1) *Opérations du corps du génie allemand.*
(2) Gartner, *Siège de Soissons.*

alors toutes ses pièces sur nos bastions, en
lançant des shrapnels. C'est qu'aussi nos artilleurs
soutenaient la lutte avec un courage tranquille,
intrépide et sûr. La ligne de l'Arquebuse à
Saint-Jean, grâce à un tir plus soigné et plus
rapide que celui des batteries de Sainte-Geneviève,
avait acquis une supériorité réelle. Les pertes en
hommes et en matériel diminuaient. Les pièces
tirent toutes les dix minutes et envoient trois
coups pour un aux pièces de Sainte-Geneviève,
compensant de cette manière l'infériorité de
précision et gardant l'avantage (1). Vers cinq
heures du soir, le clocher de la chapelle de
La Croix, atteint à sa base, s'effondre avec fracas.
Des remparts, l'on entend les cris de joie poussés
par l'assiégeant qui continue sans relâche et avec
succès la brèche à la courtine 3-4. La maçonnerie
de l'escarpe est complètement détruite, la terre
s'éboule peu à peu et les projectiles s'y enfoncent
en rendant un bruit sourd. Fort heureusement
nos pièces, placées en arrière de la courtine,
peuvent continuer le tir, et le génie s'occupe
de faire des retranchements, de créneler le mur
et de fermer le passage du rempart. On place
au sommet de la brèche de fortes branches
d'arbres non émondés ; on y dispose des fascines
goudronnées, auxquelles on mettra le feu en temps

(1) *La Guerre franco-allemande,* rédigée par la section
historique du grand état-major prussien : « Le front sud-est de
« la place, compris entre le faubourg Saint-Vaast et le bastion 4,
« continue à tirer avec une précision telle que la situation des
« batteries de Sainte-Geneviève devient fort critique. » — Dans
cette journée, notre concitoyen M. Quenet, qui dirigeait la
batterie de l'Arquebuse, composée des artilleurs volontaires
soissonnais, fit des prodiges de valeur. Il a reçu la médaille
militaire en récompense de sa brillante conduite.

voulu ; on prépare une grande quantité d'obus
sphériques qui, lancés à la main ou avec des
mortiers, auront un effet efficace, non pas qu'un
assaut en règle soit à redouter tout de suite,
l'ennemi n'ayant pas commencé sa première
parallèle, mais il faut se prémunir contre toute
surprise, sans attendre aucune aide de la garnison.
Le moral des troupes d'infanterie est si faible,
que la demande adressée au commandant de
place pour désigner les hommes qui seraient
chargés de défendre la brèche ne reçoit pas de
réponse précise ; sur les remparts, des sentinelles
dorment, le fusil hors de la portée de la main ;
d'autres, engourdies par le froid, sont plus mortes
que vives. Qu'importe ! nos artilleurs suffisent à
tout : ils ont encore, durant la nuit, refait les
terrassements, remplacé les affûts brisés, armé
les flancs des bastions 3 et 4. Voilà plus de
soixante heures qu'ils soutiennent une lutte
surhumaine, sans trêve, sans repos, presque sans
nourriture ; l'ennemi ne peut avoir raison de cet
héroïsme indomptable !

Pendant cette journée du 14, l'assiégeant
eut 6 blessés et 3 pièces atteintes. Il désarme
ses deux batteries extrêmes avec l'intention de
les remplacer par deux autres, nos 9 et 10, à
établir au lieudit la Buerie Saint-Jean, devant le
Moulin Notre-Dame, à 225 mètres en arrière de la
première parallèle. Dans la nuit, sa compagnie
de pionniers de campagne ouvre une portion du
premier boyau de la communication en arrière ;
en même temps, des travailleurs d'infanterie
creusent des tranchées-abris pour les réserves de
troupes de garde à cent pas en avant de la

parallèle, et des embuscades pour les tirailleurs à
cent pas plus en avant (1).

Pour retracer la dernière phase du duel
formidable que notre artillerie soutient depuis
soixante-douze heures, dans des conditions si
inégales, contre un ennemi qu'émerveille son
courage, il nous suffira de feuilleter les documents
allemands qui rendent à nos défenseurs un
témoignage éclatant. « L'artillerie française mérite
« véritablement les plus grands éloges..., son
« feu est plus violent que le premier et le
« troisième jour. » En dépit des obus et des
shrapnels tirés la nuit contre nos bastions, on a
vu que l'on avait fermé la brèche par un abatis
d'arbres goudronnés; les projectiles de l'assiégeant
y mettent le feu et ne cessent d'élargir la plaie
béante faite à la muraille. Le grand-duc de
Mecklembourg ordonne de mener plus vivement
le bombardement et d'allonger le tir vers le nord
de la ville, « en tenant compte de l'ordre
« d'artillerie du 11 octobre qui informait les
« troupes que les prisonniers allemands étaient
« placés dans la partie nord-est de la place (2) ».
Nos canonniers, aidés par les artilleurs de la
garde mobile du Nord, qui conservent une bonne
attitude sous le feu, savent encore, durant la
journée du 15, infliger des pertes à l'ennemi.
L'ouvrage à cornes continue à se mêler à l'action,
quoiqu'il ne possède plus qu'une seule pièce de 4.
Dans l'après-midi, notre tir redouble d'énergie
et l'assiégeant accélère également le sien. Le

---

(1) *Opérations du corps du génie allemand.*
(2) Les prisonniers allemands étaient, en effet, internés à
Saint-Léger.

grand-duc de Mecklembourg décide alors que,
pour éteindre complètement notre artillerie,
il faut rapprocher immédiatement les batteries
de l'attaque et prendre en même temps les
dispositions nécessaires pour cheminer vers la
brèche. On s'occupe donc de la construction des
deux nouvelles batteries à établir entre la Crise et
la route de Paris, en avant du Moulin Notre-Dame,
à 825 mètres des glacis, lesquelles devront être
armées au moyen des pièces de campagne qui
étaient déjà retirées des deux ailes, comme on l'a
vu plus haut. Le lendemain matin (16 octobre),
on ouvrirait le feu, après avoir, de nouveau,
sommé le commandant de Nouë de rendre la place.

Si l'assiégeant, qui avait pour triple objectif la
ruine de notre artillerie, l'ouverture d'une brèche
et le bombardement de la ville, n'avait pu imposer
silence à nos vaillants canonniers, le reste de sa
tâche était du moins achevé : une brèche large de
33 mètres, à sa partie supérieure, et suffisamment
praticable, s'étalait à la courtine 3 - 4 (1).

(1) *Opérations du corps du génie allemand* et Gartner, *Siège
de Soissons* : « Les effets obtenus par la batterie de brèche
« méritent une mention particulière. Cette batterie avait tiré
« 1,402 obus de 15 centimètres et 172 obus à balles, et pratiqué
« une brèche de 33 mètres environ de largeur à sa partie
« supérieure. Le mur d'escarpe avait 1 mètre 25 centimètres
« d'épaisseur en haut et 8 mètres à la base ; la brèche était
« suffisamment praticable, car la rampe formée par les décombres
« était inclinée à peu près de 45 degrés. Ce résultat est d'autant
« plus remarquable que la batterie n'était pas éloignée de moins
« de 1,650 mètres..... *Jamais brèche praticable n'avait été faite
« dans de telles conditions......* On doit toutefois mentionner
« que le mur d'escarpe était vieux et désagrégé et qu'on le
« voyait jusqu'à mi-hauteur. D'un autre côté il était surmonté
« d'un chemin de ronde, ce qui diminuait la surcharge. » —
Voir, en tête du volume, le dessin de la brèche par M. Paul
Laurent.

Quant à la situation de la ville, — si l'on excepte les quartiers du nord et le faubourg Saint-Vaast, — elle était affreuse. Les projectiles de l'ennemi n'avaient rien épargné : l'Arsenal, la Manutention militaire, les clochers de Saint-Jean, le pensionnat de La Croix et sa chapelle, le Grand-Séminaire, l'ancienne Gendarmerie, l'Arquebuse, le magasin à poudre des contributions indirectes, la grande et la petite casernes, la Cathédrale, l'Hôpital, l'Hôtel-Dieu, le Collège, l'Ecole communale des Frères, sans compter bon nombre de maisons particulières, étaient ravagés ou détruits (1). Aucun bruit ne s'élevait de nos rues mornes et désertes. Ce silence, d'une tristesse inexprimable, n'était troublé que par le sifflement strident et l'explosion des obus qui, en éclatant, allumaient des incendies et jonchaient le sol de débris. Soissons présentait l'aspect d'une cité maudite que ses habitants auraient abandonnée. Cette sensation de la solitude dans l'étendue habitée, ces maisons mitraillées, ces pans de murs noircis, ces foyers détruits, ces ruines amoncelées de toutes parts, étaient bien les *larmes des choses* dont parle le poète.

Les tortures subies par les Soissonnais depuis quatre jours et trois nuits avaient développé

(1) Les chiffres exacts des réclamations produites en 1871 par les habitants pour les destructions que le siège et le bombardement avaient causées ont été de 1 million 430,000 francs (intérieur de la ville) et de 1 million 857,000 francs pour les faubourgs. Dans cette dernière somme, nous comprenons 782,000 francs applicables spécialement aux démolitions opérées par le conseil de défense de la place ; soit, pour le total des pertes : 3 millions 287,000 francs. (Chiffres communiqués à l'Auteur par M. Léon Lecercle, avoué, chargé comme mandataire de l'Etat du paiement des indemnités.)

chez certains d'entre eux une impressionnabilité maladive et une sorte de fièvre obsidionale qui les portaient à se convaincre que l'on avait poussé la résistance jusqu'au bout et que l'heure de la reddition était venue. Durant l'après-midi du 15, une quarantaine d'habitants se rendent à l'Hôtel de Ville où le président de la Commission municipale, M. Salleron, se tenait en permanence. Ils lui demandent de les accompagner chez le commandant de place pour se plaindre de l'inaction de la garnison (1) et pour sommer l'autorité militaire de faire agir les troupes ou de mettre fin à des souffrances qui devenaient intolérables. M. Salleron refuse de s'associer à cette démarche, mais il n'était pas resté insensible aux angoisses de la population. Déjà, la veille, les membres de la Commission municipale, réunis à l'Hôtel de Ville, avaient adressé une protestation collective au lieutenant-colonel de Noüe contre le bombardement : « Nous devions nous attendre, « disaient les membres de la Commission, à « soutenir un siège régulier dont la durée peut « être longue et pénible, mais nous ne devions pas « croire que cinquante heures de bombardement « avec des engins formidables sur des positions « qui commandent la ville de toutes parts dussent « rendre à peu près inutile toute défense régulière « et anéantir une grande partie de la ville (2). »

(1) Durant le bombardement, une seule sortie fut tentée pendant la nuit du vendredi 14 au samedi 15, par 300 hommes empruntés au 15ᵉ de ligne et aux deux bataillons de mobiles. Ce détachement, sorti par la porte de Laon, s'avança à quelques centaines de mètres dans la direction de Crouy et rentra sans avoir brûlé une cartouche.

(2) Archives de la Mairie de Soissons.

Cette protestation étant restée sans réponse, le lendemain M. Salleron adressait au commandant de place un exposé complet de la situation : « La « ruine, la mort et la famine, voilà le sort non « plus du tiers de la population mais de plus de « la moitié. Deux quartiers seuls sont privilégiés « jusqu'à cette heure : ceux qui environnent la « place d'Armes et la Mairie et la plus grande « partie du faubourg Saint-Vaast.... Les services « de toute nature deviennent impossibles ; on ne « peut plus même enterrer nos morts et l'on ne « veut plus aller chercher son pain. Les habitants « qui ont une cave habitable peuvent y rester « enfermés et mettre leur existence à l'abri, mais « la moitié de la population est obligée d'attendre « la mort dans les maisons ; et si l'on bombardait « le faubourg Saint-Vaast, il n'y a pas une cave « qui ne soit inondée ; donc pas de refuge.... « Au surplus, Colonel, je ne veux pas chercher « à vous émouvoir ; je partage entièrement « vos pensées sur les sacrifices imposés par le « patriotisme ; je ne fais appel qu'à la raison et « pas plus que vous je ne suis disposé à transiger « avec l'ennemi. Seulement je ne comprends tous « les sacrifices possibles, vie et fortune, qu'à la « condition de les croire utiles. Dieu sait si la « situation présente n'a pas couvert depuis hier « votre responsabilité militaire.... J'avais, non « sans peine, fait ouvrir des fosses à l'endroit « indiqué (1), mais à soixante centimètres on a « rencontré l'eau. Comme il y a des morts de

(1) Au pied de la courtine 8-9. Les corps étaient apportés dans des tombereaux. Quarante-sept cadavres furent ainsi inhumés et transportés plus tard au cimetière de la ville.

« cinq jours, j'ai pris sur moi de faire ouvrir des
« fosses dans le Jeu de Paume (1). »

Dans l'après-midi du 15, M. Salleron continuait à
exposer en ces termes la situation au commandant
de Nouë : « Il est certain que vous ignorez
« l'état matériel de notre Hôtel-Dieu et de nos
« ambulances. Si vous voulez bien les visiter
« vous verrez le plus affreux spectacle : cinq cents
« malades et blessés, menacés d'être asphyxiés
« dans les caves, sont accumulés les uns sur les
« autres ; plus d'approvisionnements, par suite de
« l'incendie de l'Hôpital. A Saint-Léger, cent
« cinquante blessés ou malades entassés dans la
« crypte. Depuis le matin je cherche à caser
« les familles chassées de leurs logements par
« l'incendie et les destructions. J'ai fait ce que
« j'ai pu, mais je ne trouverai plus d'asiles... Les
« incendies continuent, et je crois qu'aucune ville
« assiégée n'a subi avec plus de courage autant
« de ruines et de misères. A vous d'apprécier
« jusqu'à quelle limite on doit aller pour avoir
« bien mérité de la Patrie et si de plus grands
« sacrifices sont nécessaires et possibles (2). »

La situation militaire de la place n'était pas
moins triste que celle de la ville. La grande
caserne était devenue inhabitable dans sa partie
supérieure ; plusieurs soldats avaient été blessés ;
les gardes mobiles, logés en ville, dans les quartiers
incendiés ou détruits, ne trouvaient plus d'asile ;
ils se réfugiaient, vêtus de leur blouse légère, dans
des casemates humides. Depuis le 24 septembre,
le major Denis, réduit à l'impuissance par sa

(1) Archives de la Mairie de Soissons.
(2) *Ibidem.*

blessure (1), avait dû abandonner le commandement du 15ᵐᵉ de ligne à un simple capitaine,
officier d'une insuffisance notoire ; les deux
bataillons de mobiles n'avaient plus d'officiers
supérieurs à leur tète. Le lieutenant - colonel
Carpentier et le chef de bataillon d'Auvigny,
chargés de missions particulières (2), n'étaient
pas encore de retour, et le commandant du
bataillon des mobiles de Vervins, M. de Fitz-James,
gardait le lit depuis le commencement du
bombardement, en proie à une dyssenterie qui ne
s'arrêta qu'à l'heure même de la capitulation (3).

(1) P. 51.
(2) P. 67 et 70.
(3) Après la capitulation, M. de Fitz-James adressa aux mobiles
de son bataillon un ordre du jour. Nous détachons le passage
suivant de cet étrange document : « La capitulation est honorable ;
« vous laisserez en ville vos armes et vos munitions ; *j'aurai*
« *l'honneur de marcher encore une fois à votre tête et de vous*
« *conduire sur les glacis.* De là, vous serez dirigés à quelques
« lieues de la ville, puis vous serez libres de rentrer dans vos
« foyers où vous pourrez aider de vos bras généreux vos
« parents qui ont besoin de vous, n'en doutez pas, pour réparer
« les pertes que la guerre a fait subir à l'industrie, à l'agriculture
« et au commerce. » M. de Fitz-James parlait de la capitulation
probablement sans en connaître le texte, puisque l'article 2
déclarait toute la garnison prisonnière, « à l'exception des gardes
« nationaux et des gardes mobiles qui habitaient la ville et
« l'arrondissement de Soissons ». Il faut encore ajouter que
M. de Fitz-James profita pour lui de l'article 3, aux termes
duquel tous les officiers qui s'engageaient par écrit à ne plus
porter les armes contre l'Allemagne étaient mis en liberté. (Voir
le *Journal de Vervins* du 23 octobre 1870.)
    La conduite de M. de Fitz-James fut sévèrement jugée et
donna lieu à d'ardentes polémiques dans les journaux de
Vervins. Nous trouvons dans une lettre adressée au *Journal
de Vervins,* à la date du 24 octobre 1870, par un sergent du
6ᵉ bataillon mobile, échappé à l'escorte prussienne, M. Lefebvre,
cette déclaration qui mérite d'être retenue : « J'affirme que
« M. de Fitz-James n'a jamais passé la revue de son bataillon,
« et que s'il s'est mis une seule fois à la tête de ses soldats,
« c'est le dimanche 16 octobre, à deux heures de l'après-midi
« pour les remettre entre les mains du général prussien. »

Enfin l'Arsenal, en partie incendié, allait priver l'artillerie de matériel de rechange ; et les magasins, les fours de la manutention étant également détruits, plusieurs boulangers blessés, l'alimentation des troupes devenait de plus en plus difficile.

Sur ces entrefaites, le Conseil de défense se réunit. Chacun de ses membres est invité par le commandant de Noüe à émettre son avis sur la résistance que peut encore opposer la place. Le capitaine du 15ᵉ de ligne, remplaçant le major Denis, repousse l'idée d'une capitulation. Cet officier se réveillait un peu tard foudre de guerre, puisque dans une des séances précédentes du Conseil il avait affirmé « qu'il ne pouvait compter « sur dix hommes solides par compagnie ». Le chef du génie Mosbach, casuiste habile, déclare « qu'il « penche pour la résistance si les troupes montrent « plus de ténacité et d'énergie qu'elles n'en ont « témoignées jusqu'alors ». Le commandant de l'artillerie Roques-Salvaza, consulté à son tour, émet son avis dans les termes suivants : « L'artillerie de la place est entrée en lutte avec « un matériel de siège à peine égal à la moitié « du chiffre indiqué pour la défense de Soissons ; « le personnel de l'artillerie de ligne et de la « garde mobile a soutenu pendant quatre jours le « feu ennemi avec la plus grande énergie ; mais « les pertes en hommes sont des plus sensibles, « surtout par la mise hors d'état du capitaine « commandant la batterie de ligne, laquelle n'a « plus qu'un lieutenant en second ; le matériel a « beaucoup souffert et les rechanges deviennent « impossibles ; la brèche est commencée à la

« courtine 3-4 ; la nature des troupes d'infanterie
« fait regarder leur maintien sur la brèche comme
« impossible ; les blessés ne trouvent plus d'abris
« dans les ambulances ; en conséquence, le
« commandant d'artillerie croit que sa conscience
« et son honneur lui imposent, quoique à regret,
« un vote de capitulation (1). »

A l'issue de cette séance, — vers cinq heures
du soir, — l'ordre de cesser le feu est donné sur
les remparts, et le commandant de Nouë envoie
le chef du génie Mosbach au camp ennemi, pour
ouvrir des pourparlers en vue de la capitulation.
L'assiégeant s'attendait si peu à la chute immédiate
de la place que le grand-duc de Mecklembourg
se disposait à partir pour Reims au moment où
il fut avisé de l'arrivée d'un parlementaire à
Vignolles. Il s'y fait précéder par son chef
d'état-major, le colonel de Krenski, et s'y rend
lui-même en voiture. « Comme la place s'était
« aujourd'hui encore montrée si énergique dans
« la lutte avec l'artillerie, on craignait que le
« commandant de Nouë ne fît des propositions
« inacceptables et que la suspension des hostilités
« ne servît qu'à permettre à l'assiégé de réparer
« les ravages causés, de combler la brèche et de
« mettre de nouvelles pièces en position ; aussi
« ordre est-il donné de renforcer l'infanterie sur
« toute la rive gauche de l'Aisne (2). » Le grand-duc
de Mecklembourg ordonne au colonel de Krenski,
muni de pleins pouvoirs, d'accompagner le chef
du génie Mosbach chez le commandant de Nouë
et de lui offrir les conditions de Toul et de

(1) Documents inédits communiqués à l'Auteur.
(2) Gartner, *Siège de Soissons*.

Sedan. A une heure et demie du matin, le colonel de Krenski revenait, porteur du protocole de la capitulation (1).

C'est l'âme déchirée que le commandant de Nouë avait consommé le douloureux sacrifice de la reddition de Soissons, car dans ses veines coulait un vieux sang guerrier, et chez lui l'honneur parlait haut. Durant les quatre jours du bombardement, sans cesse au plus fort du danger, on eût dit qu'il cherchait la mort glorieuse du soldat et qu'il ne capitulerait pas. Mais quand, après une lutte de quatre-vingt-quatre heures, il vit une brèche ouverte à la muraille, l'impuissance de la garnison à repousser un assaut, tous les services désorganisés, la situation lamentable des blessés, des malades et de la population civile, il crut qu'il fallait s'avouer vaincu et ne pas exiger de nos défenseurs de plus grands sacrifices. Mais à peine eut-il apposé sa signature au bas du protocole de la capitulation que son passé, rempli de souvenirs vaillants, d'actes de courage et de citations à l'ordre de l'armée, se dressa devant lui, il se crut déshonoré; de grosses larmes inondèrent son visage et il ne tarda point à tomber dans une prostration complète. Ah! s'il avait pu savoir que Soissons serait la seule forteresse française qui partagerait avec Strasbourg l'honneur de n'avoir capitulé « qu'après une défense particulièrement glorieuse « de l'artillerie et quand l'achèvement de la « brèche était complet (2) », peut-être la blessure faite au cœur du vieux soldat se serait-elle

(1) Pièce annexée, n° 11.
(2) Gartner, *Siège de Soissons.*

cicatrisée : elle n'eût pas été mortelle (1) !.

La nouvelle de la capitulation, rapidement propagée parmi les troupes allemandes, est accueillie avec des hourras frénétiques. A Soissons, les membres de la Commission municipale portent l'événement à la connaissance de la population en faisant publier l'avis suivant aux carrefours de la ville : « La Commission municipale a été « informée ce matin (16), par le commandant de « la place de Soissons que, le Conseil de défense « entendu, et prenant en considération les « souffrances de la ville, il avait dû signer la « reddition de la place qui sera remise à l'autorité « prussienne aujourd'hui à deux heures ; et, en ce « qui concerne la ville que, d'après un article de « la convention, elle n'aura à subir d'autre « contribution de guerre que celle de nourrir la « garnison, après l'épuisement des approvision- « nements laissés dans les magasins de l'Etat. « Les membres de la Commission municipale « recommandent à leurs concitoyens l'attitude et « le calme que réclament les tristes nécessités de « la situation. »

---

(1) Le commandant de Noüë reçut un blâme sévère et immérité du conseil d'enquête institué pour examiner les capitulations des places fortes. Nous avons cru remplir un devoir de conscience en publiant une longue protestation motivée contre les considérants de cet arrêt. (*Argus soissonnais* du 25 mai 1872.) Aujourd'hui que M. de Noüë est mort, il nous sera bien permis d'extraire les lignes suivantes de la lettre qu'il nous écrivit pour nous remercier de notre protestation toute spontanée : « ...... Profondément ému des lignes que vous avez tracées, je « tiens à vous dire que si vous avez pris la défense d'un soldat « auquel sa conscience ne reproche rien, il n'oubliera jamais « que c'est à votre initiative qu'il doit le premier baume « posé sur la blessure faite à un homme d'honneur frappé « injustement...... ». — Pièce annexée, n° 12.

Les artilleurs n'apprirent officiellement la fatale nouvelle que le 16, à huit heures du matin. Ayant passé la nuit à refaire les embrasures et à replacer les pièces sur affût, ils n'attendaient qu'un signal pour rouvrir le feu, et on leur annonce que tout est fini! L'âme pleine d'amertume, ils repoussent la capitulation comme un outrage immérité, une injure faite à leur vaillance. Ils comptaient 36 morts et blessés, de nombreux malades minés par la dyssenterie, plusieurs pièces réduites au silence, vingt-quatre affûts brisés, mais leur énergie restait entière ; et, toujours prêts à infliger de nouveaux coups à l'ennemi, ils donnaient ce salutaire exemple d'hommes qui, sans être soutenus par l'appât de la gloire, puisaient à la source du patriotisme le plus pur un courage indomptable.

L'ordre de livrer le matériel intact, — comme l'imposait la capitulation, — coûte trop à leur honneur. Ils brisent toutes les armes portatives ; les uns enclouent des pièces, détruisent des munitions; les autres songent à reprendre la lutte, car enfin ils ne sont pas vaincus! ils n'ont pas amené leur pavillon! Saluons avec respect ces héros obscurs! la renommée n'a pas immortalisé leurs noms, mais que leur esprit de sacrifice nous reste comme un fécond enseignement d'immolation au devoir et relève nos cœurs vers l'espérance : un peuple qui engendre de tels enfants n'est pas près de périr (1).

(1) Les pertes des Allemands, depuis le début de l'investissement jusqu'au jour de la reddition de la place, ont été, — d'après les documents officiels, — de 118 hommes tués et 6 disparus. *(La Guerre franco-allemande de 1870-1871,* rédigée par la

L'accablement dans lequel était plongé le commandant de Noüe ne lui avait pas permis de prendre les mesures réglementaires prescrites par les circonstances : les dépôts de poudre, les projectiles, l'Arsenal, les armes, les approvisionnements, tout restait à la merci de quelques cerveaux exaltés. Les soldats de la garnison, avant d'être emmenés en captivité, devaient se munir de quatre jours de vivres ; ils prennent d'assaut les magasins de l'Etat et les pillent. L'eau-de-vie et le vin coulent à pleins bords ; les têtes s'échauffent ; bon nombre de militaires du 15e de ligne, trouvant dans les excitations de l'alcool un courage factice, crient à la trahison et déclarent que les Allemands n'entreront pas, qu'ils sauteront comme à Laon. M. Salleron signale ces faits à l'autorité militaire qui répond que le maintien de l'ordre incombe désormais à l'administration

section historique du grand état-major prussien, 2me partie, supplément LXXIII.) — Nous comptions, de notre côté, 51 tués ou morts des suites de leurs blessures, plus 30 militaires ou mobiles morts de maladies telles que variole, fièvre typhoïde, etc., soit un total de 81. Il convient d'ajouter que durant le bombardement des hommes ont été enterrés, sans déclaration de décès à la Mairie. — Le nombre des projectiles lancés par les Allemands sur la ville et les bastions, pendant le bombardement, a été de 8,310, se décomposant ainsi : 6,712 obus ; 668 shrapnels ; 930 bombes. — Nous n'avons pas pu nous procurer le nombre des projectiles lancés par notre artillerie. — D'après l'état officiel des munitions consommées par l'artillerie allemande pendant l'investissement ou le siège des dix-neuf places fortes françaises bombardées en 1870-71, le nombre des projectiles tirés s'établit comme suit : Strasbourg, 202,099 ; Belfort, 112,460 ; Paris, 110,286 ; Thionville, 16,605 ; Neuf-Brisach, 8,696 ; Soissons, 8,310 ; Verdun, 8,117 ; Bitche, 7,100 ; Longwy, 6,323 ; Toul, 5,034 ; Mézières, 4,900 ; Phalsbourg, 3,280. Les autres places fortes furent beaucoup moins éprouvées. La Fère ne reçut que 1,832 projectiles. — Nous empruntons ces chiffres à *La Guerre franco-allemande*, ouvrage précité (supplément CLXXXIX).

municipale. Nous étions arrivés à ce moment psychologique des grandes calamités publiques où le sentiment de l'intérêt général a disparu pour faire place aux suggestions de l'égoïsme. Et d'ailleurs, impuissants à maintenir la discipline parmi leurs troupes depuis le commencement du siège, les officiers manquaient de tout ascendant moral pour conjurer ou réprimer une rébellion. Aussi ne purent-ils nous épargner la honte que nous réservaient des misérables, indignes de porter l'uniforme français, qui étalèrent aux regards des Allemands victorieux le scandale d'une ivresse dégradante (1).

M. Salleron envisage froidement son devoir. Il ne veut pas que ses concitoyens deviennent les victimes de l'anarchie où nous a plongés l'abdication de l'autorité militaire et que le sac de la ville soit la conséquence des attentats qui se trament contre l'ennemi vis-à-vis duquel, d'après le droit des gens, la capitulation constitue un engagement inviolable. Accompagné du lieutenant-colonel Carpentier, rentré dans la place depuis quelques heures (2), et en dépit de quelques bravaches qui menacent de l'accueillir à coups de fusil, du haut de la porte Saint-Martin, M. Salleron se rend à la gare, au quartier allemand où le rejoignent deux autres membres de la Commission municipale, MM. Choron et Sugot, lesquels venaient, comme lui, décliner la responsabilité d'événements que l'exaltation de

---

(1) Dans ses *Mémoires*, le maréchal de Moltke n'a pas omis cet incident ; il le relate en ces termes : « La plupart des soldats étaient ivres. »

(2) Pièce annexée, n° 13.

certains esprits pouvait faire prévoir. L'ennemi
se laisse convaincre par les loyales explications
de M. Salleron et promet de n'user d'aucune
représaille contre la partie inoffensive de la
population, s'il est atteint dans sa sécurité.

Les Allemands devaient mettre des factionnaires
simultanément aux trois portes de la ville,
le 16, à deux heures de l'après-midi. Mais comme
il ne se trouvait plus personne dans la place
ni pour commander, ni obéir, la porte Saint-
Christophe était restée fermée ; il fallut plus d'une
heure aux officiers allemands pour en obtenir
l'ouverture. L'entrée solennelle du grand-duc de
Mecklembourg, à la tête de ses troupes, eut lieu
par la porte Saint-Martin. Notre vainqueur nous
imposait, avec un visible orgueil, un spectacle
douloureux : c'était le long défilé de ses escadrons,
de ses batteries d'artillerie, de ses compagnies
de pionniers, de ses bataillons, qui, enseignes
déployées, déroulèrent leurs colonnes à travers
nos rues, obstruées de décombres, en jetant aux
échos le bruit sauvage des fifres mêlé au son
des tambours. Quel constraste présentaient ces
hommes robustes, bien armés, confortablement
équipés, chaussés de fortes bottes, avec nos
pauvres mobiles, grelottants, rongés par la variole
et la dyssenterie, sans linge, sans vêtements, sans
souliers ! Nous nous sentions en présence d'une
administration prévoyante qui nous prouvait
que la guerre n'avait pas pris la Prusse au
dépourvu (1).

_____

(1) *Mémoires du maréchal de Moltke, 1891.* — « En
« Allemagne on avait été surpris de voir éclater la guerre, mais
« on y était préparé. On avait prévu un conflit à courte

Tout à coup deux fortes détonations retentissent : on croit que l'on fait sauter quelque poudrière ; il n'en était rien : deux enfants, en jouant avec des obus, avaient heurté deux de ces projectiles qui éclatèrent et les tuèrent sur place.

Voici en quels termes la nouvelle de la prise de Soissons et de l'entrée des troupes allemandes fut enregistrée par le *Moniteur officiel du gouvernement général à Reims* : « Hier (15), « après plusieurs combats d'artillerie des plus « acharnés et qui ont duré quatre jours, Soissons « a capitulé. Aujourd'hui, le grand-duc de « Mecklembourg-Schwerin, commandant du « 13me corps d'armée, a fait son entrée dans la « ville, et, en face de la Cathédrale, a passé « en revue les troupes allemandes. Celles-ci l'ont « salué, en défilant devant lui, par les acclamations « les plus chaleureuses. S. A. R. descendit à la « Sous-Préfecture et chargea le prince Charles de « Hohenlohe, commissaire civil, de transférer le « poste de sous-préfet à M. de Parseval, chambellan « bavarois. Le nouveau sous-préfet n'a pas tardé « à entrer en relations officielles avec le maire et « les autres fonctionnaires municipaux restés à « Soissons. Ces messieurs se sont mis aussitôt à « l'œuvre pour subvenir aux besoins des habitants « nécessiteux de la ville rudement éprouvée par le « feu des assiégeants. On a pris dans la forteresse

---

« échéance. » La mauvaise foi perce à travers ces lignes. Comment l'Allemagne a-t-elle pu être surprise de voir éclater une guerre qu'elle prévoyait ? Nous prenons ici le grand stratège en flagrant délit de mensonge. La vérité est que la Prusse, désireuse d'imposer son hégémonie à l'Allemagne, avait besoin, pour accomplir le rêve de son ambition, d'écraser la France, comme elle avait auparavant écrasé le Danemark et l'Autriche.

« 95 officiers, 4,633 sous - officiers et soldats,
« 120 canons, grand nombre de munitions de
« guerre, de provisions de bouche et des quantités
« considérables de fourrages et d'objets d'équi-
« pement (1). » L'ennemi augmenta ce riche butin
par les minutieuses perquisitions auxquelles il
s'empressa de se livrer. Il saisit 92,000 francs dans
diverses caisses publiques, les tabacs et les cigares
de l'entrepôt des contributions indirectes, d'une
valeur de plus de 50,000 francs, et les effets
d'habillement provenant du dépôt du 15ᵉ de ligne,
qui furent vendus aux enchères à vil prix ; il
trouva, en outre, dans les bureaux du génie, des
plans et des cartes, entre autres celle de tous les
bâtiments militaires de la place.

Après la revue passée devant la Cathédrale, les
troupes se massèrent sur la place d'Armes où « le
« grand-duc de Mecklembourg poussa un triple
« hourra en l'honneur du roi de Prusse (2) ». Puis
les soldats regagnèrent leurs cantonnements, à
l'exception d'un escadron et de quatre bataillons
qui restèrent dans la ville comme garnison et
qui logèrent chez l'habitant.

Au moment où les Allemands prenaient ainsi
possession de Soissons, un drame lugubre
marquait de sang la dernière page du siège. Le
convoi de la garnison prisonnière (artilleurs,
soldats, mobiles de Vervins et artilleurs mobiles
du Nord), avait quitté vers deux heures les glacis
de la porte de Reims, sous la garde d'un bataillon
et d'un escadron, en route pour Château-Thierry.

(1) *Moniteur officiel du gouvernement général à Reims,*
numéro du 20 octobre 1870.
(2) Gartner, *Siège de Soissons.*

A la chute du jour, ce convoi arrive à la hauteur des bois de Saint - Jean, au delà d'Hartennes. Quelques-uns des nôtres cherchent à s'échapper ; on tire sur eux ; au bruit des coups de fusil, d'autres soldats de l'escorte, croyant à une attaque de francs-tireurs, font feu à leur tour, au hasard. Les rangs se rompent ; c'est une panique générale à la faveur de laquelle 4 ou 500 prisonniers gagnent les bois et se sauvent. L'ordre rétabli, la colonne se remet en marche, elle fait halte plus loin, en deçà d'Oulchy, et les malheureux qui sont restés la proie de l'ennemi s'étendent sur la terre détrempée pour y passer la nuit. Le lendemain, à quatre heures du matin, les pauvres prisonniers continuent à être poussés en avant, sur le chemin de l'exil, tandis que derrière eux les habitants des pays voisins accouraient dans les bois de Saint - Jean pour y recueillir les cadavres de sept mobiles, trois blessés et de nombreuses épaves, telles que livrets, portefeuilles et képis. Aujourd'hui, un monument, — produit d'une souscription publique, — s'élève à l'endroit où le drame s'est accompli ; il en perpétuera le souvenir (1).

Notre récit est achevé. Peut-être faudrait-il le compléter par l'histoire de l'occupation étrangère

---

(1) Ce monument de forme quadrangulaire, terminé par un chapiteau que surmonte une croix, mesure quatre mètres de hauteur ; il a été solennellement bénit le 18 octobre 1874 par le doyen d'Oulchy, en présence d'un nombreux concours de population aux premiers rangs de laquelle se trouvaient le sous-préfet de l'arrondissement, M. Ghéerbrandt, le conseiller général du canton, M. E. Deviolaine, le maire du Grand-Rozoy, M. Dufresnel, et les autorités municipales d'Oulchy-le-Château, du Plessier-Huleu et de Saint-Remy-Blanzy. (*Argus soissonnais* des 20 et 22 octobre 1874.)

dont le joug a pesé si lourdement sur nos têtes
pendant douze mois et huit jours ; nous dirions
alors au prix de quelle habileté courageuse
le président de la Commission municipale,
M. Salleron, avec le concours dévoué de ses
collègues, sut défendre jusqu'à la dernière heure
les intérêts de la ville aussi bien que la vie et
la fortune de ses concitoyens. Mais il nous en
coûterait trop de rouvrir de si cruelles blessures ;
la force nous manque pour retracer les tristesses
de ces temps de deuil où nous étions, dans notre
propre pays, captifs de l'Allemagne triomphante.
Contentons-nous d'exprimer ce vœu suprême :
que nos enfants ignorent les maux de l'invasion ;
qu'ils ne voient plus le démembrement de la
Patrie, et que jamais un ennemi victorieux ne
vienne s'asseoir en maître à leurs foyers !

PIÈCES JUSTIFICATIVES & ANNEXÉES

N° 1. — P. 31.

SITUATION MILITAIRE DE LA PLACE DE SOISSONS

Au 10 Septembre 1870.

ÉTAT-MAJOR

Commandant de place. — Le lieutenant-colonel de Nouë, de l'état-major des places.

Chef du génie. — Le commandant Mosbach.

Commandant d'artillerie. — Le chef d'escadron Roques-Salvaza.

GARNISON

Une section du génie (lieutenant Caron), détachée du corps d'Exéa	30 hommes.
La 1ʳᵉ batterie *bis* du 8ᵉ d'artillerie (capitaine de Monnery, lieutenant Josset)	115 —
12ᵉ et 13ᵉ batteries de l'artillerie des mobiles du Nord (capitaine Franchomme)	
16ᵉ batterie de l'artillerie des mobiles du Nord (capitaine Lavalette)	230 —
Batterie des volontaires soissonnais et anciens artilleurs requis par la place et répartis comme instructeurs dans l'artillerie de la garde mobile.	50 —
Dépôt du 15ᵉ de ligne (major Denis)	1.800 —
2ᵉ bataillon des mobiles de l'Aisne (commandant d'Auvigny)	1.200 —
6ᵉ bataillon des mobiles de l'Aisne (commandant de Fitz-James)	1.800 —
(Ces deux bataillons sous les ordres du lieutenant-colonel Carpentier).	
Total	5.225 hommes.

Plus un bataillon de garde nationale sédentaire, commandant Possoz, environ 550 hommes ;

Une compagnie de sapeurs-pompiers, capitaine Lebrun-Sagny ;

Une compagnie de gardes nationaux volontaires, composée d'ouvriers, de citoyens non incorporés, etc. (225 hommes environ), désignée sous le titre de *cinquième compagnie* ;

Et une quinzaine de gendarmes, sous les ordres du capitaine Joullié.

ARMEMENT

La place contenait 122 pièces d'artillerie de toute nature et un grand nombre de fusils des plus anciens modèles.

On mit en batterie 110 bouches à feu se décomposant ainsi :

7 canons de 24 rayés.
18 — 12 —
16 — 4 —
2 mortiers de 0,32.
6 — 0,27.
2 — 0,22.

Le reste de l'armement se composait de canons lisses et d'obusiers.

PROJECTILES, POUDRE ET CARTOUCHES

Projectiles.

Le nombre des projectiles pour canons rayés était de :

3,000 obus oblongs de 24 rayés) avec leurs
6,000 — — 12 id. } fusées
6,000 — — 4 id.) percutantes.
Plus 10,000 — — 24 id. sans fusées.

Les projectiles sphériques étaient en quantité considérable, mais ne servirent guère, à l'exception des bombes dont le nombre était de :

1,870 de 0,32 centimètres.
4,000 de 0,27 —
1,400 de 0,22 —

Poudre.

83,000 kilogrammes.

Cartouches.

2,500,000 pour fusils de tout modèle.

N° 2. — P. 39.

En mettant ainsi hors du droit des gens les Français qui entendaient défendre leur pays par tous les moyens possibles, l'envahisseur oubliait que le roi de Prusse, Frédéric-Guillaume, lors des guerres du premier Empire, avait tracé leurs devoirs à tous ses sujets dans le décret suivant sur le landsturm. Il faut mettre ce document en regard de celui que nous avons publié :

DÉCRET SUR LE LANDSTURM

« ARTICLE PREMIER. — Chaque citoyen est tenu de repousser l'ennemi avec les armes dont il peut disposer, quelles qu'elles soient ; de s'opposer à ses ordres et à leur exécution, de quelque nature qu'ils soient ; de braver ses défenses et de nuire à ses projets par tous les moyens possibles.....

« ART. 5. — Chaque citoyen qui n'est pas en face de l'ennemi, ou qui n'appartient pas à la landwehr, doit se considérer comme faisant partie du landsturm, quand l'occasion s'en présente.....

« ART. 7. — Le combat est une nécessité, une défense légitime qui autorise et sanctionne tous les moyens. Les plus décisifs sont les meilleurs, car ce sont ceux qui servent de la façon la plus efficace une cause juste et sacrée.

« ART. 8. — Le landsturm a donc pour destination de couper à l'ennemi ses chemins de retraite ; de le tenir sans cesse en éveil ; d'intercepter ses munitions, ses approvisionnements, ses courriers, ses recrues ; d'enlever ses ambulances, d'exécuter des coups de main pendant la nuit ; en un mot, de l'inquiéter, le fatiguer, le harceler sans relâche, de l'anéantir par troupes ou en détail, de quelque façon que ce soit. L'ennemi s'avance-t-il dans un pays, même à 50 milles, sa situation sera précaire si sa ligne d'investissement manque de profondeur, s'il ne peut plus envoyer de petits détachements, soit pour fourrager, soit pour faire des reconnaissances, sans savoir par expérience qu'ils seront anéantis ; enfin, s'il ne peut avancer que par masses profondes et sur des chemins tout tracés. L'Espagne et la Russie en ont fourni l'exemple. »

N'est-ce pas là le vrai code de tout peuple qui défend ses foyers contre une invasion ?

N° 3. — P. 50.

ORDRE DE LA PLACE

Le commandant est heureux de remercier la garde nationale du concours qu'elle apporte à la défense de la place. Depuis quelques jours, trois reconnaissances ont été exécutées par la garde nationale : l'une d'elles (celle de Vénizel) a ramené 10 prisonniers. Dans celle exécutée dans la nuit du 23 au 24, par la compagnie de volontaires à Beugneux, à 20 kilomètres de la place, il a été fait, à la suite d'une résistance énergique, une capture de près de 50 chevaux, d'un vétérinaire, de 2 sous-officiers et de 10 soldats. L'officier prussien qui commandait le détachement a été tué, ainsi que deux autres militaires. Deux blessés ont été portés à l'Hôpital.

Le présent sera mis à l'ordre des troupes de la garnison et de la garde nationale.

Soissons, le 25 septembre 1870.

Le commandant de place,

Signé : DE NOUE.

N° 4. — P. 52.

ORDRE DE LA PLACE

Le commandant de place est heureux de citer les noms des militaires qui lui ont été signalés dans les divers rapports à lui adressés, sur l'engagement du 24.

Artillerie. — Le brigadier François, du 8ᵉ d'artillerie ; les artilleurs volontaires de la garde nationale Ringuier et Quémet.

15ᵉ de ligne. — Le commandant Denis, qui s'est porté en avant avec une section de quarante hommes pour reconnaître la position de l'ennemi et qui a été gravement blessé.

Le sous-lieutenant Dutocq, qui s'est porté, avec une section, au secours du commandant, est cité particulièrement comme l'ayant vigoureusement secondé.

Le sergent Durand, du recrutement de la Marne, et les soldats Mignard et Dufrénoy.

MM. les sous-lieutenants Pretet, blessé, et Didier.

Les sergents-majors Fortin, blessé, et Marsand, blessé et malheureusement disparu.

Les sergents Barré, du recrutement de la Meuse, blessé, et Ahmed-ben-Bagdad, du 2e tirailleurs, blessé et disparu.

M. Denis, lieutenant de la garde nationale, qui a combattu dans les rangs du 15e, a guidé les tirailleurs sur le terrain, qu'il connaît parfaitement comme habitant de la localité.

Le 2e bataillon de la garde mobile a soutenu le mouvement et a empêché les Prussiens de s'établir dans la halle aux marchandises.

Le commandant cite le sergent Jacquemin, du 15e, comme s'étant joint à la 4e compagnie, et pour s'être avancé dans une position très dangereuse, d'où il a réussi à mettre plusieurs ennemis hors de combat.

La 8e compagnie a eu un homme blessé, le nommé Iste (Gustave).

Soissons, le 26 septembre 1870.

Le commandant de place,

Signé : DE NOUE.

N° 5. — P. 54.

ORDRE DE LA PLACE.

Une sortie ayant pour but de chasser les Prussiens du faubourg de Reims et d'incendier leurs abris a eu lieu le 26, à cinq heures du soir ; 200 hommes du 15e étaient sous les ordres de M. le capitaine de Tugny ; la moitié, sous la conduite de M. le lieutenant Jacquelin, du recrutement de la Marne, a pénétré dans le faubourg de Reims, sous un feu des plus vifs.

Encore une fois, M. Denis, lieutenant de la garde nationale, a guidé nos hommes sur le terrain ; par sa parfaite connaissance des lieux, par son sang-froid et son courage, il nous rend les plus utiles services.

Se sont parfaitement signalés :

Le fourrier Maury, les caporaux Saillard, Vallot, blessés ; Hehnie, blessé ; les soldats Coulmy, Marmeraude, Martin (Louis) et 3 tirailleurs algériens qui se sont déjà signalés le 24.

M. le capitaine Lambert, du 2ᵉ bataillon de la garde mobile, a exécuté, avec 100 hommes sur la droite, pour appuyer le 15ᵉ, un mouvement qui a été parfaitement accompli.

Le commandant est heureux de féliciter le capitaine Lambert, les lieutenants Bodelot et Lemaire, les sous-officiers du bataillon auxquels s'était joint le sergent Botiaux, des volontaires de la garde nationale, enfin tous les mobiles du 2ᵉ bataillon qui ont assisté à l'affaire.

Soissons, le 27 septembre 1870.

Le commandant de place,

Signé : DE NOUE.

N° 6. — P. 55.

ORDRE DE LA PLACE.

Dans la journée du 28 septembre, la garnison a tenté d'occuper le faubourg de Reims et la gare. M. Pillart, capitaine au 15ᵉ de ligne, avec cent hommes de ce régiment, s'est porté d'abord sur le pâté de maisons *dit* Saint-Lazare, et a essayé de gagner la gare en envoyant sur le flanc droit M. le lieutenant Duhamel, du recrutement de la Meuse, et à gauche, M. le lieutenant Rhoddes, du 15ᵉ. La gare était très fortement occupée par l'ennemi. Assailli par un feu très vif, le 15ᵉ eut trois hommes tués et six blessés.

La cinquième compagnie du 2ᵉ bataillon de la garde mobile, sous le commandement de M. le capitaine de Commines, vint appuyer le mouvement du 15ᵉ ; mais les Prussiens, invisibles et en grand nombre, parfaitement cachés, ne purent être délogés ; les troupes revinrent à la place à cinq heures et demie du soir.

Outre les officiers cités plus haut, se sont signalés : les sergents Marehat, Couderc, Hécré, du 15ᵉ de ligne, Marachini, du recrutement de la Marne, et le fusilier Foy, du 15ᵉ.

Pendant ce temps, 150 hommes du 2ᵉ bataillon, sous le

commandement de M. le capitaine Roussel, sont entrés dans le faubourg de Reims, ont débusqué l'ennemi, qui s'enfuit jusqu'au passage à niveau et à l'usine Santerre, et s'y sont maintenus jusqu'à la retraite du 15ᵉ de ligne.

Leur mouvement fut rendu très difficile parce que l'incendie des maisons du faubourg fut mis trop tôt par les volontaires de la garde nationale. Cette opération a été très bien conduite par M. le capitaine Roussel, ayant sous ses ordres MM. Deflandre, capitaine, les lieutenants de Chauvenet, Maudoy et Wolff.

Se sont signalés parmi les sous-officiers : Blanchard, sergent-major à la 2ᵉ compagnie, Hubert et Moreau, sergents à la même compagnie ; parmi les caporaux : Jumaucourt, caporal à la 2ᵉ compagnie, Picard, caporal de la 7ᵉ compagnie ; Legorju, de la 1ʳᵉ. Parmi les mobiles : Bourgeois, Dubois, Foyer, Pâris, Ledroux, Pestel, de la 1ʳᵉ compagnie ; Dalmasse, Garet, Nollet-Férin, Housset, Aubry, de la 2ᵉ compagnie ; et Foignet, de la 1ʳᵉ compagnie.

Le sieur Leriche, garde national, qui s'est joint volontairement au 15ᵉ de ligne, a été grièvement blessé.

Soissons, le 30 septembre 1870.

Le commandant de place,

Signé : DE NOUE.

Nº 7. — P. 60.

ORDRE DE LA PLACE

Pour assurer l'entrée des approvisionnements de la place, M. le colonel Carpentier est sorti avec six compagnies prises dans les deux bataillons de la garde mobile, et s'est porté sur les hauteurs de Vauxrot.

Après avoir fait éclairer la position et s'être fortement installé, il dirigea sur Terny une compagnie qui amena le convoi dans la place.

Pour assurer ce mouvement et dégager la route de Laon, M. le capitaine Ballet est sorti avec trois compagnies du 15ᵉ. M. le lieutenant Ferté, de la 1ʳᵉ compagnie, s'est porté sur la ferme de Saint-Paul, M. le lieutenant Garnier, avec la 2ᵉ compagnie, sur la ferme de Clamecy ; M. le capitaine Félon, du recrutement de l'Aisne, avec la 3ᵉ compagnie, appuyait ce mouvement offensif, qui eut lieu avec un ensemble remarquable.

L'ennemi, débusqué par un feu très vif, s'est retiré en désordre sur le village de Crouy, poursuivi par une vingtaine de tirailleurs qui firent prisonniers cinq Prussiens, dont un blessé.

Nos soldats occupèrent alors les crêtes du remblai du chemin de fer jusqu'à l'arrivée de ceux-ci en ville. Cette opération fait honneur au 15ᵉ de ligne, à son chef, le capitaine Ballet, et aux officiers, au nombre desquels il faut citer MM. Ferté, Garnier et Dutocq.

Se sont distingués : le sergent-major Félon, les sergents Durand, Basile, du recrutement, et Guérin, du 15ᵉ de ligne ; les caporaux Madrene, Bleuze et Robin ; les soldats Foy, Dubois, Perret, Perrot et Mignard.

Nos pertes sont de : un tué et trois blessés.

Soissons, le 3 octobre 1870.

Le commandant de place,

Signé : DE NOUE.

N° 8. — P. 64.

QUITTANCE DE L'AMENDE PAYÉE PAR LA VILLE DE VAILLY

14,489 francs 15 centimes.

En lettres : Quatorze mille quatre cent quatre-vingt-neuf francs quinze centimes de la commune de Vailly, en conséquence qu'on a fait sauter le pont qui est construit sur l'Aisne, par ordre du commandant de la forteresse de Soissons, ont été délivrés en bon ordre par M. le baron de Wimpffen et M. Legry, au soussigné qui en donne quittance.

Logement du cantonnement de La Carrière-l'Evêque, le 8 octobre 1870.

Signé : DE SELCHOW,

Général-major
et commandant de la 2ᵉ division de landwehr.

Pour copie conforme :

Signé : RICHTER,

Capitaine et officier d'état-major.

N° 9. — P. 68.

———

A Monsieur Emile DEVIOLAINE

Membre du Conseil d'arrondissement, à Cuffies.

———

Soissons, le 7 Octobre 1870.

Monsieur le Conseiller d'arrondissement,

Une circonstance tout à fait imprévue m'obligeant à partir immédiatement, je viens vous prier de vouloir bien me remplacer provisoirement par délégation dans les fonctions de sous-préfet.

J'informe M. le Préfet de cette délégation ainsi qu'il m'a invité à le faire.

Agréez, Monsieur le Conseiller d'arrondissement, l'assurance de ma considération très distinguée.

Le sous-préfet,

Signé : P. d'Artigues.

———

N° 10. — P. 88.

———

TABLEAU DES BATTERIES ALLEMANDES

CONSTRUITES PENDANT LE SIÈGE DE SOISSONS

———

Batterie n° 1.

A l'est de la ferme de Sainte-Geneviève : 6 pièces de 6 de campagne.

Distance aux points à battre : 2,250 mètres.

Objectif : Protéger l'aile droite, inquiéter la ville, empêcher les observations du haut de la cathédrale et, à l'occasion, démonter quelques pièces.

Batterie n° 2.

A l'ouest de la ferme de Sainte-Geneviève : 4 pièces de 15 cent.

Distance : 2,100 mètres.

Objectif : Lutter contre le bastion 3 et son cavalier.

BATTERIE Nº 3.

Derrière le remblai du chemin de fer de Soissons à Paris, à 60 mètres ouest de la route de Fère-en-Tardenois : 2 mortiers de 27 cent. et 4 de 22 cent.

Distance : 1,050 mètres.

Objectif : Bombarder les bastions 3 et 4, la ville et les bâtiments militaires.

BATTERIE Nº 4.

Sur le Mont-Marion (plateau de Presles) : 6 pièces de 15 cent.

Distance : 1,750 mètres.

Objectif : Battre en brèche la courtine 3-4.

BATTERIE Nº 5.

A gauche de la batterie nº 4, établie sur les épaulements non détruits, faits en 1814 par les Prussiens : 6 pièces de 12 cent.

Distance : 1,850 mètres.

Objectif : Contrebattre la face gauche du bastion 4, la courtine 3-4 et, au besoin, l'ouvrage à cornes.

BATTERIE Nº 6.

A 200 mètres à l'ouest de la batterie nº 5, reliée aux batteries nºˢ 4 et 5 par une tranchée : 6 pièces de 12 cent.

Distance : 2,000 mètres.

Objectif : Contrebattre la face droite du bastion 3 et son cavalier.

BATTERIE Nº 7.

A l'ouest de la batterie nº 6 et dissimulée par un bouquet d'arbres : 4 pièces de 12 cent.

Distance : 1,750-2,000 mètres.

Objectif : Bombarder l'ouvrage à cornes et démonter le flanc droit du bastion 4.

BATTERIE Nº 8.

Au pied des peupliers de Presles, lieudit les *Trois-Arbres* : 6 pièces de 4.

Distance : 1,750-2,300 mètres.

Objectif : Couvrir l'aile gauche, bombarder l'ouvrage à cornes, empêcher les observations du haut des clochers.

———

Ces bouches étaient approvisionnées à 13,473 coups pour

les 12 et 15 centimètres rayés, ce qui donnait à peu près 518 obus et shrapnels par pièce, et à 2,490 coups pour les mortiers (249 par mortier).

———

Les batteries 9 et 10 n'ont pas été armées par suite de la reddition de la place.

———

N° 11. — P. 111.

———

PROTOCOLE DE LA CAPITULATION.

———

ENTRE LES SOUSSIGNÉS :

Le colonel von Krenski, chef d'état-major du 13ᵉ corps d'armée, chargé des pleins pouvoirs de S. A. R. le grand-duc de Mecklembourg et le lieutenant-colonel de Noüe, commandant de la place de Soissons,

IL EST ARRÊTÉ :

ARTICLE PREMIER. — La place de Soissons, avec tout le matériel qu'elle renferme, sera livrée à la disposition de S. A. R. le grand-duc de Mecklembourg.

ART. 2. — La garnison de Soissons, comprenant tous les hommes qui ont porté les armes pendant la durée de la défense, soit en uniforme ou non, est prisonnière de guerre. — Sont exceptés de cet article les gardes nationaux et les gardes mobiles qui habitaient la ville et l'arrondissement avant que la guerre fût déclarée.

ART. 3. — En considération de la défense valeureuse de la place, tous les officiers et employés supérieurs ayant rang d'officier, qui engageront par écrit leur parole d'honneur de ne plus porter les armes contre l'Allemagne, ni d'agir en rien contre ses intérêts durant la guerre actuelle, seront mis en liberté. Ceux qui souscriront à ces conditions conserveront leurs armes, leurs chevaux, leurs effets et leurs domestiques.

ART. 4. — Demain, à deux heures, la garnison, sans armes, sera conduite sur le glacis de la porte de Reims.

ART. 5. — Le matériel de guerre, comprenant drapeaux, canons, armes, chevaux, caissons, munitions, etc., etc..., sera

livré à trois heures par les chefs de service à une commission
prussienne.

Art. 6. — Tous les médecins militaires resteront pour soigner
les blessés.

Art. 7. — En considération de ce que la ville a souffert, elle
ne subira d'autre contribution que celle de nourrir la garnison,
après épuisement des approvisionnements laissés dans les
magasins de l'Etat.

Fait à Soissons, à onze heures du soir, le 15 octobre 1870.

Signé : Von Krenski et de Noue.

N° 12. — P. 112.

PLACE DE SOISSONS

*(Extrait du procès-verbal de la séance du 13 novembre 1871
du Conseil d'enquête chargé d'examiner les capitulations
des places fortes.)*

Le Conseil,

Vu le dossier relatif à la capitulation de la place de Soissons ;
Vu le texte de la capitulation ;
Sur le rapport qui lui en a été fait ;
Ouï M. de Noüe, lieutenant-colonel, commandant la place de
Soissons, M. Mosbach, chef de bataillon, commandant du génie,
M. Roques-Salvaza, chef d'escadron, commandant l'artillerie,
M. Denis, major du 15e de ligne, et M. Fargeon, capitaine du
génie, employés à Soissons pendant le siège ;

Après en avoir délibéré,

Considérant que si le lieutenant-colonel de Noüe, commandant
la place Soissons, a montré de l'activité pour l'approvisionnement des vivres, il n'a pas déployé assez de sévérité pour
le maintien de la discipline dans les troupes placées sous ses
ordres ;

Considérant qu'il a manqué de prévoyance en autorisant

plusieurs chefs de corps à s'absenter au moment où la place pouvait être investie, et, par cela même, a nui à la discipline et à l'esprit de corps ;

CONSIDÉRANT que s'il a été fait brèche au corps de place, la brèche n'était pas praticable ; que si l'artillerie avait souffert, elle pouvait encore continuer la défense ; que les munitions de vivres et de guerre étaient abondantes ; que les pertes de la garnison ont été relativement peu considérables ; que le commandant de place est blâmable d'avoir capitulé sans avoir encloué ses canons, détruit ses poudres et ses vivres, et s'est au contraire engagé à les livrer à l'ennemi ;

CONSIDÉRANT que la place a été rendue malgré l'avis du commandant du 15e de ligne et celui du commandant du génie, et que, loin de se rallier à cette opinion, le lieutenant-colonel de Nouë, contrairement à l'article 256 du décret sur le service des places, n'a su imposer sa volonté que pour la capitulation ;

CONSIDÉRANT qu'il a manqué aux prescriptions du même article, en stipulant que les officiers qui donneraient leur parole de ne pas servir contre l'Allemagne seraient mis en liberté et conserveraient armes, chevaux et bagages, tandis qu'il ne devait stipuler qu'en faveur des blessés et des malades ;

Est d'avis :

Que le lieutenant-colonel de Nouë a révélé une profonde incapacité et une grande faiblesse, et qu'il paraît au Conseil impropre à exercer un commandement.

Pour extrait conforme :

Le Président du Conseil d'enquête,

Signé : BARAGUAY D'HILLIERS.

L'opinion publique, qui juge en dernier ressort, a cassé, depuis longtemps, cet arrêt sévère et injuste. Outre certaines erreurs de fait commises par les juges du lieutenant-colonel de Nouë, erreurs que notre récit a rectifiées, il importe de constater que d'autres commandants de forteresse ont su trouver grâce devant le Conseil d'enquête, sans avoir opposé à l'ennemi la même résistance que le défenseur de Soissons.

Le lieutenant-colonel Carpentier, qui était parti pour Saint-Quentin et Lille, le 8 octobre, sur l'ordre du Conseil de défense, n'avait pu rentrer dans Soissons que durant la nuit du 15 au 16. Nous détachons de son rapport au ministre de la guerre le compte rendu de sa mission et le récit de sa rentrée :

« Le lieutenant-colonel Carpentier arriva à Chauny le 9 octobre, à deux heures du matin, et s'occupa de suite des moyens de pouvoir gagner Saint-Quentin, le chemin de fer étant coupé de Chauny à La Fère, et de La Fère à Saint-Quentin, à la suite de l'attaque de cette ville par les Prussiens venus la veille de Laon. Les voitures de louage manquaient, il ne put arriver à Saint-Quentin que dans la nuit du 9 au 10. Les occupations de M. le Préfet étaient immenses, les habitants avaient l'avant-veille repoussé l'attaque des Prussiens, et des barricades s'élevaient dans toutes les rues. Le colonel fut fort longtemps avant d'avoir avec M. le Préfet l'entrevue qu'il cherchait ; enfin, vers les dix heures, dans la matinée du 10, il put voir M. de La Forge qui le reçut cordialement, s'offrit de faire chauffer une locomotive pour le conduire à Busigny, les trains ne circulant qu'à partir de cette dernière station ; mais quant à donner les fonds que réclamait la place de Soissons, cela lui était tout à fait impossible, le payeur général ayant quitté Saint-Quentin, ajoutant qu'avant moi M. le sous-préfet d'Artigues avait éprouvé le même refus motivé. Je profitai de la locomotive offerte par M. le Préfet et le soir, à minuit, le lieutenant Maudoy et moi nous étions à Lille.

« Le 11, à huit heures du matin, j'étais chez le général Espivent qui me fit le plus gracieux accueil, mais me répondit qu'il lui était entièrement impossible de me donner des troupes pour la place de Soissons, qu'il n'avait à Lille qu'un seul bataillon de mobiles, toutes les troupes disponibles étant dirigées sur Saint-Quentin ; que, quant à la somme de 250,000 francs que demandait la place, il était nécessaire qu'il s'entendît préalablement avec M. l'intendant général et le payeur général, et il me donnait rendez-vous pour le lendemain 12.

« Le 12, à huit heures, j'étais chez le général, qui me donna les réponses les plus satisfaisantes ; je devais emporter la somme demandée, des habillements de toute espèce, des effets de linge et des chaussures pour nos deux bataillons mobiles. Pendant toute la journée nous chargeâmes un wagon de nos effets ; je pris chez M. le receveur général la somme demandée et le 13 au matin nous repartîmes pour Saint-Quentin. Nous pûmes gagner cette ville avec les troupes qui s'y rendaient. Arrivés à Saint-Quentin nous partîmes de suite pour Chauny, où nous étions rendus vers quatre heures du soir, mais là, nous apprîmes le bombardement de Soissons et l'impossibilité de rentrer dans la place. D'un autre côté, le maire de Chauny me faisait savoir que je n'étais pas en sûreté avec la somme que j'avais avec moi, je pris immédiatement le parti de me rendre à La Fère et de la déposer chez le receveur particulier. J'arrivai à La Fère dans la nuit, M. le Maire ayant eu l'extrême obligeance de m'y faire conduire avec ses chevaux, mais le receveur particulier refusa de recevoir mes fonds ; j'allais alors trouver le commandant de l'Arsenal qui voulut bien les prendre et m'en donna un reçu. Le 14 au matin je me dirigeai sur Soissons, avec l'intention bien arrêtée de pénétrer dans la place, bien qu'il me fût dit que la chose était complètement impossible, notamment par M. de Rivocet, maire de Fontenoy, où je voulais traverser la rivière afin de profiter des bois qui bordent la route de Compiègne à Soissons. Dans mon trajet, je rencontrai le commandant d'Auvigny qui, comme nous, cherchait à pénétrer dans la ville.

« Nous décidâmes que le soir, et en profitant de l'obscurité de la nuit, nous traverserions la rivière à la hauteur de Saint-Crépin, en suivant les petits bois qui longent le chemin de halage. A huit heures du soir, nous nous acheminâmes vers la rivière, conduits par M. Joly, cultivateur à Leury, petit village à 6 kilomètres de Soissons, lequel connaissait parfaitement le terrain ; il nous fit arriver sans être aperçus jusqu'à 100 mètres de l'Aisne, nous serra la main et nous souhaita bonne chance. Nous continuâmes, en rampant, notre route aventureuse jusqu'à la barque de M. Deviolaine, que nous savions amarrée à l'extrémité de son jardin, comme nous l'avait dit un habitant de Leury. Munis de tenailles, nous pûmes faire sauter le cadenas de la chaîne, et à neuf heures nous étions dans la plaine de Saint-Crépin ; mais nous avions fait à peine quelques pas que plusieurs coups de fusil se firent entendre. Nous étions découverts. Avions-nous l'ennemi devant, ou bien étaient-ce des nôtres ? Nous l'ignorions. Afin de diviser l'attention, nous nous séparâmes, le commandant d'Auvigny avec M. Maudoy d'un côté, et moi, accompagné d'un mobile que nous avions rencontré sur la route, de l'autre. En suivant les talus de la rivière, le mobile et moi, nous arrivâmes bientôt jusqu'à la maison de l'éclusier. Là, couchés sur la terre, nous prêtions une oreille attentive quand un *Qui vive !* retentit à quelques pas de nous. Pensant que nous avions à faire à des Prussiens, je ne répondis pas, mais un autre *Qui vive !* se fit entendre, suivi d'une décharge successive des armes de tous les hommes du poste, à la distance de 5 ou 6 mètres ; pas une balle ne nous atteignit. Les hommes sortirent de la maison qui servait de poste afin de s'assurer que nous étions bien morts, mais la baïonnette croisée pour nous achever au besoin. Quand le sergent Richon, de la 1re compagnie, fut à un mètre de moi, je lui sautai immédiatement à la gorge, le prenant pour un Prussien ; c'est alors qu'il reconnut son colonel en bénissant la maladresse de ses hommes. J'insiste sur ces détails afin que ma conduite, dans ces tristes journées, soit parfaitement expliquée et connue de tous ; toute la 1re compagnie, capitaine Deflandre, en a été témoin.

« J'arrivai en ville vers onze heures du soir ; mais comme je savais que le commandant de place traitait de la capitulation de la ville avec le général prussien, je n'entrai chez lui que vers minuit, quelques instants avant le départ du général ennemi et de son aide de camp. Lecture de la capitulation fut donnée ; et, au milieu de la douleur que nous éprouvâmes en ayant sous les yeux les tristes conditions que nous avions à subir, j'éprouvai cependant une satisfaction, en voyant que nos hommes du bataillon de Soissons, parmi lesquels j'avais vécu de la vie de campagne pendant deux mois, que j'avais toujours trouvés dociles à ma parole, pleins de bonne volonté et de dévouement, ayant toutes les qualités nécessaires pour faire de bons soldats avec le temps, j'éprouvai, dis-je, un sentiment de satisfaction en les sachant renvoyés sans conditions. »

LE DÉCLASSEMENT DE SOISSONS

Voici l'exposé des motifs et la teneur du projet
de loi présentés par le Gouvernement à la Chambre
des Députés, le 5 mars 1885.

EXPOSÉ DES MOTIFS

MESSIEURS,

La situation dans laquelle se trouve la place de
Soissons rendrait indispensable une extension
considérable de son système de défense. Mais le
rôle que cette place pourrait être appelée à remplir
est devenu secondaire dans les nouvelles conditions
de défense admises pour cette région du territoire
national, et le Comité de défense reconnaissant,
d'une part, que la dépense qu'entraînerait la
réorganisation défensive de cette place serait hors
de proportion avec son importance et d'autre part
qu'elle ne peut être maintenue dans son état

actuel, a demandé par sa délibération, en date du 10 mai 1882, dont l'extrait est ci-annexé que son déclassement fût prononcé.

Nous vous demandons d'approuver cette proposition ; mais pour assurer le démantèlement de la place qui en est la conséquence indispensable, sans que cette opération soit onéreuse pour l'Etat, il est nécessaire de trouver dans l'aliénation des terrains qui deviendront disponibles après le déclassement *des ressources équivalentes* aux dépenses des travaux à exécuter.

Les terrains de la fortification à déclasser ont une contenance approximative de 100 hectares dont 20 hectares environ doivent être maintenus dans le domaine de l'Etat pour les besoins du service militaire et des autres services publics. Il restera donc une contenance approximative de 80 hectares susceptibles d'être aliénés.

L'estimation de la valeur vénale de ces terrains a été faite avec le plus grand soin par les représentants des Ministres de la Guerre et des Finances, et les résultats de cette étude, consignés dans un procès-verbal ci-annexé, dressé à la date du 16 août 1883, établissent qu'après le démantèlement la valeur totale des terrains à aliéner peut être estimée à une somme de 427,800 francs environ.

D'un autre côté la dépense des travaux de démantèlement des parties de la fortification, dont la destruction immédiate est regardée comme indispensable et dont l'Etat s'est réservé l'exécution, a été évaluée à une somme de 430,000 francs.

La valeur des terrains à aliéner est, par suite, sensiblement égale au montant de la dépense à prévoir. Mais la mise en vente de 80 hectares de terrain, alors que la contenance totale de la ville n'est actuellement que de 65 hectares pourrait entraîner une dépréciation sensible de ces immeubles et rendre l'opération très aléatoire pour le Trésor. Afin de se mettre à l'abri de tout mécompte à cet égard, il a paru prudent d'entrer en négociations avec la Ville elle-même pour déterminer les conditions d'une cession en sa faveur de tous les terrains disponibles.

Ces négociations ont abouti à une convention passée à la date du 11 novembre 1884 et qui est ci-annexée.

Aux termes de cette convention, la Ville s'engage à verser, pour prix de la cession des terrains qui lui seraient abandonnés, une somme de 430,000 francs, dont 70,000 francs dans le mois qui suivra la promulgation de la loi prononçant le déclassement, 170,000 francs, le 1er juillet 1885 et les 190,000 francs restants au moyen d'acomptes mensuels à partir du 1er août 1885 jusqu'à complète libération.

Elle s'engage, en outre, à démanteler dans le délai de trois ans une partie déterminée de l'enceinte.

Nous vous demandons d'approuver cette convention qui sauvegarde dans la mesure la plus équitable les intérêts de l'Etat et ceux de la Ville et d'admettre également que, pour les travaux résultant du déclassement de la place et qui doivent être exécutés par l'Etat, les dépenses évaluées, comme il est dit ci-dessus, à 430,000 francs en seront réparties sur deux exercices, 270,000 francs en 1885 et 160,000 francs en 1886. Ces dépenses n'entraîneront, en réalité, aucune charge nouvelle pour l'Etat et ne nécessiteront aucune avance à demander au budget puisque la Ville doit faire au Trésor des versements équivalents et dans les mêmes délais.

D'après les considérations qui précèdent, nous avons l'honneur de soumettre à vos délibérations le projet de loi ci-après pour lequel nous invoquons le bénéfice de l'urgence.

PROJET DE LOI

Le Président de la République française

DÉCRÈTE :

Le projet de loi dont la teneur suit sera présenté à la Chambre des Députés par le Ministre de la Guerre, par le Ministre des Finances et par le Ministre de l'Intérieur qui sont chargés d'en exposer les motifs et d'en soutenir la discussion.

ARTICLE PREMIER.

La place de Soissons sera rayée du tableau de classement des places de guerre.

ARTICLE 2.

Est approuvée la convention passée le 11 novembre 1884 entre les représentants du département de la guerre et de l'administration des domaines et le maire de la ville de Soissons, comportant : la cession à cette ville par l'Etat des terrains désignés par ladite convention et le plan y annexé, le versement au Trésor par la Ville d'une somme de quatre cent trente mille francs (430,000 fr.) et autres conditions détaillées aux divers articles de la convention.

ARTICLE 3.

La dépense des travaux résultant du déclassement de la place et dont l'exécution est à la charge de l'Etat est évaluée à une somme de quatre cent trente mille francs (430,000 fr.), laquelle sera imputée sur les ressources générales du budget ordinaire et inscrite à un chapitre distinct dudit budget des deux exercices ci-après :

Exercice 1885................... 270,000 fr.
—   1886................... 160,000

TOTAL égal..... 430,000 fr.

ARTICLE 4.

Il est ouvert au Ministre de la Guerre sur l'exercice 1885 un crédit extraordinaire de deux cent soixante-dix mille francs (270,000 fr.), qui sera inscrit à un chapitre spécial, n° 43, du budget ordinaire dudit exercice. — *Déclassement de la place de Soissons.*

Il sera pourvu au crédit extraordinaire ci-dessus au moyen des ressources générales du budget ordinaire de 1885.

ARTICLE 5.

A cet effet, les versements à faire par la Ville de Soissons seront portés en recette à un compte de trésorerie pour être appliqués aux produits domaniaux desdits exercices 1885 et 1886 dans la proportion des crédits ouverts ou à ouvrir à chacun de ces exercices.

Fait à Paris, le 5 mars 1885.

Le *Président de la République française,*

Signé : Jules GRÉVY.

Par le Président de la République :

Le Ministre de la Guerre,

Signé : LEWAL.

Le Ministre des Finances,

Signé : P. TIRARD.

Le Ministre de l'Intérieur,

Signé : WALDECK-ROUSSEAU.

Ce projet de loi, adopté sans discussion par la Chambre des Députés le 11 juin 1885 et par le Sénat le 7 juillet suivant, a été promulgué au *Journal officiel* le 22 du même mois.

TABLE

CHAPITRE PREMIER.

CHAPITRE II.

CHAPITRE III.

CHAPITRE IV.

CHAPITRE V.

SOISSONS. — IMPRIMERIE DE RENÉ FOSSÉ D'ARCOSSE
15, rue Saint-Antoine, 15.

PLAN
DE
VILLE DE SOISSONS
ET DE SES ENVIRONS
Dressé par M. P. LAURENT
(Novembre 1870)

SOISSONS

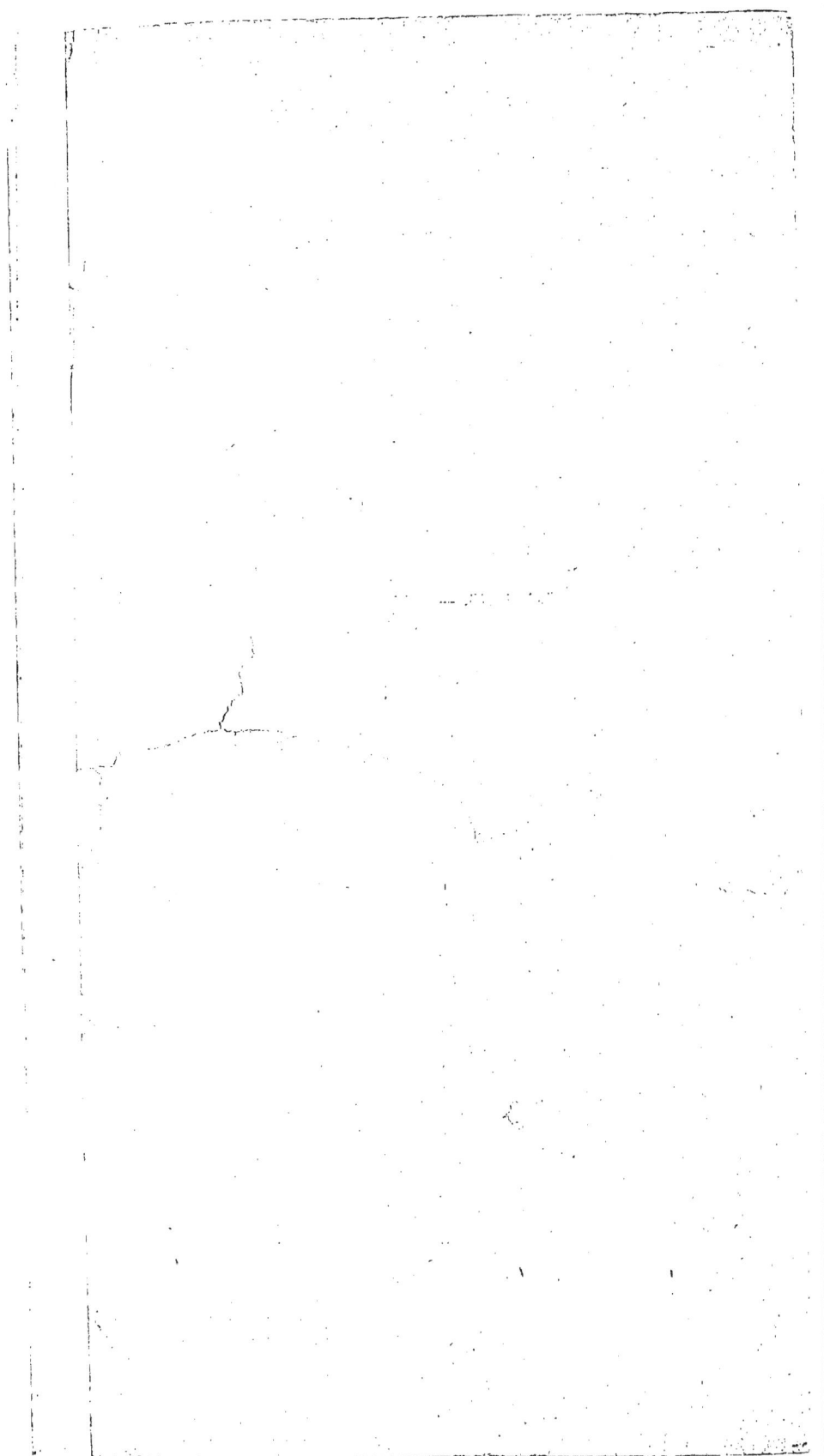

SOISSONS. — IMPRIMÉ CHEZ R. FOSSÉ D'ARCOSSE

15, RUE SAINT-ANTOINE, 15

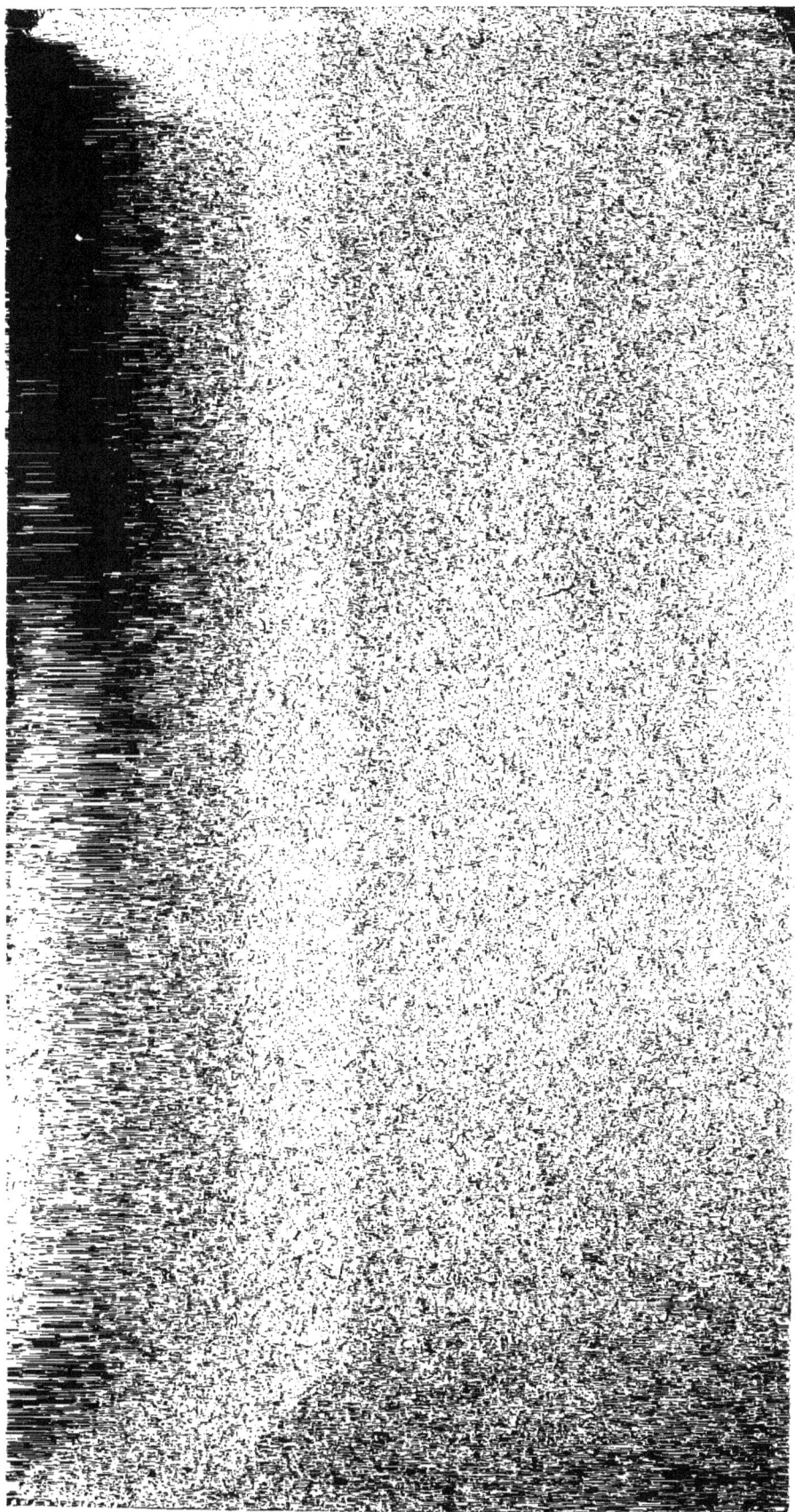

www.ingramcontent.com/pod-product-compliance
Lightning Source LLC
Chambersburg PA
CBHW052100090426

42739CB00010B/2257